U0926914

痛苦和煎熬的存在毋庸置疑，所幸的是，悲痛和成长可能同时出现。我们可以在这些遭遇中获得新的理解，把当下和过去联结起来，形成对未来新的计划和行动，从而改善自己的情绪和生活。

「

每段伤痛都值得好好领悟。刻意的忘却并不能帮助你获得内心平静。不妨将过去的故事写下来，并试着有意识地描述此刻你的情绪变化。

」

有时候即使取悦自己，也要认真地取悦。即使你将来不以写作为生，也不会发表文章，也有必要懂得一些写作的方法，因为如果使用一些好的写作方法，你的文字会更加精彩和生动，自己读起来也更加愉悦、自信。慢慢的，你会越来越喜欢写作这件事。

佛家说："一花一世界，一树一菩提。"菩提就在寻常事物中，就在平常人心中。下里巴人与阳春白雪会有同样的生活感受，他们之间只是相差一个表述水平而已。

井底之蛙能写出井底的荒芜，却不能表述出大千世界的各种精彩。初春时节野外草地上花草的清香及清风的灵动；失去与你谈了四年的恋人后心房刻骨铭心的疼痛；夜深人静，听一首老歌时的万千思绪；孩子初次离家时你心中的牵挂……你的感受越深，文章就会越生动。

「

有时候，写作就像垂钓，是一种修身养性的好方法。钓翁之意不在鱼，垂钓最高的境界并不是最终钓到多少鱼，而是钓回了一个怡然自得的心境，写作也是如此。

」

在写作中，你可能经历内心的争斗，呈现出自己最隐私的情感和行为，剖析自己，宽恕自己，刹那间内心释然；你可能感受过去，缅怀过去，拾起往日的辉煌，重新唤醒内心的某种力量；你也可能无意中挖掘出自己的潜能，发现一个被人忽视优秀的自己。

唯有写下，才能真正改变我们的内心世界

我手写我心

如何通过写作成为更好的自己

水淼 | 著

天地出版社 | TIANDI PRESS

图书在版编目（CIP）数据

我手写我心：如何通过写作成为更好的自己 / 水淼著. —成都：天地出版社，2019.1

ISBN 978-7-5455-4088-8

Ⅰ. ①我… Ⅱ. ①水… Ⅲ. ①写作—应用—精神疗法 Ⅳ. ①H05②R749.055

中国版本图书馆CIP数据核字（2018）第177629号

我手写我心：如何通过写作成为更好的自己

WO SHOU XIE WO XIN: RUHE TONGGUO XIEZUO CHENGWEI GENGHAO DE ZIJI

出 品 人　杨 政
著　　者　水 淼
责任编辑　杨 露
装帧设计　今亮后声 HOPESOUND pankouyugu@163.com
责任印制　葛红梅

出版发行　天地出版社
（成都市槐树街2号　邮政编码：610014）
网　　址　http://www.tiandiph.com
http://www.天地出版社.com
电子邮箱　tiandicbs@vip.163.com
经　　销　新华文轩出版传媒股份有限公司

印　　刷　河北鹏润印刷有限公司
版　　次　2019 年 1 月第 1 版
印　　次　2019 年 1 月第 1 次印刷
成品尺寸　155mm×220mm　1/16
印　　张　17.5
字　　数　179 千
定　　价　45.00 元
书　　号　ISBN 978-7-5455-4088-8

咨询电话：（028）87734639（总编室）
购书热线：（010）67693207（市场部）

目录

• 第二部分 | 利用自己的寂寞时光

• 第三部分 | 笔未动，思已远

心灵写作，一次自我潜意识探索之旅

代序

初识作者是在中国科学院心理研究所我讲临床督导的课堂上。她坐在前排最显眼的位置，看上去恬静似水。当得知她的名字是由四个水字组成时，我吃惊不小，下意识地认为“水淼”一定是笔名，料想是一名文艺女青年。当再得知她竟然还是一名畅销书作家时，我又是一惊。

看来人的潜意识真的很准！作为一位知名作家，她写了多本畅销书，深得广大读者的喜爱，但她并不满足于此，专门系统地学习心理学课程，并获得心理学硕士学位。这种精神令人敬佩。她由内而外散发出的文艺气息，也体现在她的文字中。细腻而深沉、简洁而深刻的故事娓娓道来，余味悠长，犹如在平静湖水中不时划过一丝丝涟漪。

文学作品源于生活，但高于生活。作家是敏锐的观察家，擅长观察生活，体验生活，能把体验和思想通过文字凝缩成作品而表达出来。这样的创作过程本身就是一种心灵的洗礼。从这个意义上看，作家是一个无师自通的心理学家。在文学作品中，作家表达出自己的爱恨情仇，同时其中也蕴含了人类共同的情感冲突，并引起读者的共鸣。

作家创作的过程，是一个自我成长的过程，是自我价值实现的过程，是一个摆脱孤独与人共舞的过程。

水淼拥有作家与心理咨询师的双重身份，在两个专业领域有着独特和深刻的个人体验，这使得她能在这两个领域的交叉地带有所思考，也激发了她创作本书的灵感。她结合自己的写作和学习经历，创造性地提出了“心灵写作”的概念，让人眼前一亮。

美国得克萨斯大学奥斯汀分校的心理学教授詹姆斯·彭尼贝克，在20世纪80年代提出Expressive Writing，即表达性写作的心理治疗方法。表达性写作，是一种通过书写披露和表达与个人重要经历相关的感受和想法，从而促进个体身心健康的心理干预方法。每天花10~20分钟写出让自己痛苦的经历，通常持续三到四天，这种简单的练习方法被证明有利于改善人们的身心健康。

有三种心理学理论可以解释表达性写作的原理。第一种是去抑制理论，认为表达性写作可以帮助个体释放早期压抑的情绪，正视消极体验，以减少压力，最终改善健康状况和免疫机能。第二种是认知加工理论，认为表达性写作是帮助个体组织、建构创伤性记忆，使其对自我、他人以及世界建立起新的、更加适应和融合的模式。此过程的认知加工需要个体主动地再次体验创伤性事件，从而最大程度地发挥认知建构的积极作用。第三种是暴露理论，认为表达性写作使个体有机会正视并再次暴露于早期回避的压力性体验或厌恶刺激中，通过情绪唤醒以降低或消除消极情绪反应。

真可谓英雄所见略同，这与水淼所讲的“心灵写作”有异曲同工之妙。数十年来，表达性写作已经在国外得到应用，并有相当数量的临床证据，但在国内仍属于一个新型心理治疗方法，只被少数人认识到。

与更为专业的表达性写作相比，“心灵写作”更贴近普通人，更自由和简单，更易于实施，如同作者所说的那样，这是一场直达心灵的写作游戏。虽然我们都是成年人，但在内心深处仍住着一个长不大的孩子，而孩子与生俱来就有游戏的能力，就像玩泥巴、折树枝、抓虫子一样，简单而直率，纯真而自然。这种写作，只不过就是把泥巴和树枝换成了文字，用讲故事的方式，用人类更高级的方式去表达自己的情感，拓展内心的体验，去慰藉孤独的心灵，缓解内心的恐惧，让有限的生命绽放光彩。

从精神分析角度看，心灵写作接近于弗洛伊德提倡的自由联想。这是一个没有精神分析师在场的自我潜意识探索之旅。写作过程中采用的隐喻等修辞手法，都是潜意识的表达形式。这种潜意识的自我沟通，会极大拓展对生命的体验范围和深度。

作为一名精神科医生和心理治疗师，我每天要面对的是有心理困扰的患者和来访者。我也常推荐他们尝试心灵写作。同时，作为一名普通人，我也有压力和情绪问题需要处理。读了这本书，我也跃跃欲试，想写一些东西出来。我相信，心灵写作一定能让很多人获益，不但能够缓解内心压力，也可以成为一种个人修行的方式。

北京回龙观医院 崔界峰

2018年夏

自序

写作是最好的内心修炼

“老师，您写那么多书，灵感都是从哪里来的呀？”

“我脑袋里平时有很多想法，可为什么写的时候又一片空白了？”

“我的文章读起来没感觉，怎样才能写得生动感人呢？”

“老师，为什么我只有难过的时候才有想写的冲动？”

……

在过去十五年的写作生涯中，我的一些作品有幸畅销。经常有读者和朋友问起写作的事。

学生时代，我也自诩为文艺青年。从小学到大学毕业，再到工作的早些年，我一直保持用纸笔写作（有诗歌、散文、评论、小说、流水账等）的习惯，对写作有种难以言状的热情。

我从未算过发表了多少作品，最初写作时也从未想过要发表和出版，仅仅只是烦了、高兴了、无聊了、恋爱了、失恋了……就情不自禁地写了。

我也不知道我是真的爱好写作，还是它仅仅是我的一种需要。就像我不知道自己是喜欢喝水，还是出于生理需求不得不喝水一样。无法分清楚。

回想起十多年前，那时的我还是个诸事不懂又内心浮躁、时而清高又时而不自信的文学爱好者。从文字编辑到图书策划人，每天洞察市场，调查分析，论证选题，联络作者，初审稿件，安排出版——我很喜欢这种有创意且充满挑战的工作。

当时作为图书策划人，我发现作者交来的稿件常常偏离自己的策划初衷太远，最终自己顺理成章地变成了撰稿人，接着有了自己的出版作品。

我大学毕业后在一个陌生的城市独自生活。在那里举目无亲，世界并没有想象中那么美好，有些难题必须自己解答，有些苦头必须自己承受。幸运的是，辗转于不同的行业之后，我终于找到了自己喜欢的职业，从此有纸笔陪伴。

自己边学边写，边写边悟，写了不少迎合读者的作品。现在回过头来想想，其实迎合得最多的人恰恰是我自己——写作给我最大的收获，不仅仅是它给了我一碗饭吃，而是让我的内心一点点成长、强大。

在写作中，我学会了独处，学会了思考，学会了倾听，学会了处世，学会了规划，学会了求助与助人……我相信这是任何其他工作都无法给予我的。

写作有时候就像做梦一样，能够满足我们生活中的某些欲求。用弗洛伊德的观点来看，梦具有对现实生活的补偿作用。如果你睡觉之前饥肠辘辘，夜里很可能会做一个满汉全席的梦，写作其实也一样。它可以帮助你回味过去的甜蜜场景，憧憬未来的美好生活，亦可以帮助你宣泄当前的不满情绪。

多年前的一天，堂姐打电话给我。她遇到了一件很不开心的事，但又不知道对谁说。我说："你可以对你自己说呀！"她不理解。

"你可以把想说的话写出来，如果不想被人知道，就设置人物，编个故事写出来，用隐喻的方法……"堂姐似懂非懂。那时我正读高中。

现在翻开我的日记本，里面有很多只有自己依稀能读懂的诗歌、散文和故事。"如烟""菲菲""小璐"，在那些我早已淡忘的故事中，我能肯定的是所有文章的主人公一定是我自己。

日记本是一片很好的心灵栖居地。当你高兴时，烦恼时，无聊时，孤独时，它都会默默地陪伴在你身边。我青春期的那些小秘密大概也只有它知道。

——是的，作品发表对我的意义远不如作品本身对我的意义大！这是我从未料到的事。写作对我最大的意义不是出版多部作品，不是获得他人的好评，而是通过它发现自己，了解自己，帮助自己，优化自己。

写作有种无法想象的神奇力量，学过心理学后，我更加确信了这一点。有时下笔前的思考，仿佛是一次人生哲思，让我本来混沌的思绪顿时茅塞顿开；有时候自由而快速地书写，能宣泄内心压抑已久的悲伤，写过之后畅快淋漓。

四年前我开始启动这部书稿时，正在中国科学院心理研究所学习心理治疗与咨询方向的硕士课程。在写作与学习中，我开始关注写作对一个人心灵的意义。我发现有一种写作可以用来洞察生活，探讨生命，使自己思路更加清晰，内心更加睿智和淡定，这种写作的目的不是发表作品，而是促进自我成长。

在查阅大量国外文献和书籍后，我发现站在科学的角度，原来写作真的有助于人们治愈情感创伤，改善人际关系，增强免疫系统功能，获得幸福感，减少压力感，而且这种方法已经运用到心理治疗领域。心理学的研究者和学者们称其为表达性写作，我更愿意称其为心灵写作或自由写作。

这几年，我在写这部书稿的过程中也将心灵写作付诸行动（我建立了“心灵写作”小组，常与成员们讨论相关话题），带领大家从一方白纸中重新审视自己以及周围的一切。同时，为了更好地学习和探讨写作的治愈意义，我目前正在翻译“表达性写作”概念提出者詹姆斯·彭尼贝克博士和约翰·埃文斯博士合著的作品《走出心灵荒野：用表达性写作摆脱孤独与迷茫》（*Expressive Writing: Words*

That Heal），该书即将出版。

这本书不是一本简单的写作技巧指导，而是一次次直达心灵的探索活动。你的笔下将出现另一个从未熟知的自己，而文字知道你需要怎样的生活！

把写作看成一个游戏，让文字直抵我们的内心，并带着它一起起飞。让它探索曾经被我们隐藏的、忽视的、未及深思的思想和情感，使我们更好地认识自己，也使别人更好地认识我们。

现在，你的构思也许并不巧妙，你的文字也许并不华丽，这都不重要。你只要知道它是你内心的声音，你能读懂它，它能帮到你，足矣！

希望这本书能让你有所收获。读完之后如果能给你带来一些心灵上的触动，或是让你产生不同的观点，请不吝与我分享。

我的邮箱是 flower_97@163.com，个人微信：shuimiaosmile。

水森

2018年夏

我手写我心，勇往直前。

这里没有卑躬屈膝，

没有矫情掩饰，

没有批评指责，

只有你自己——一个自由奔走的自己!

垂钓的最高境界并不是最终钓到多少鱼，

而是钓回一个怡然自得的心境，

写作也是如此。

写作能以直接、简便和有效的方式

来解除我们对内在情绪压力的深度抑制。

第一部分

心灵的栖居地

人人都可以成为写作者

writing

几年前，我被邀请参加一个心理团体活动。活动结束后与这群刚认识的学弟学妹们喝下午茶。他们时而走心交流，时而相互调侃，我则在一旁微笑地静听。

一会儿，有位男生得知我是一位作家，便特意走上前来请教我写文章的事。他过来时满怀热情，但说话时却显得有些拘谨。我们的探讨也点到为止。

起身离开之前，他对我说："姐姐，你知道吗，你看似给人一种亲近感，但你又静得让人感到可怕。"

哦？原来是我的"可怕"导致了他的不自在！

那个时候我才意识到，自己好像真的很久没有对他人畅所欲言了。我几乎每天都只是默默地阅读、观察、思考和写作，以至于已经习惯在人群中静静地倾听或审视。

我曾一度认为自己的手已经能完全代替嘴巴来表达自己，

其实这种状态并不好，我的嘴巴显然已经因此而变得笨拙和懒惰了。

“作家都像你这样不善言辞吧！”那时我的朋友们也常常打趣我，陌生人也对我充满好奇。

当要表达时，大脑的想法已经习惯通过文字传递出来，嘴巴当然就无事可干，因而多人聚会时，朋友们时常会看到我呆坐一旁，若有所思的样子。

我的大脑思路清晰，条理分明，写起文章来畅快淋漓，但口头表达时却往往大打折扣。很多人正好与我相反，他们自认为“说”没问题，但“写”起来就很伤脑筋。

蒂娜是我的良师益友，在北京某所大学任教的她能将同一主题滔滔不绝连续讲七八次，风趣幽默，自然生动，且每次都有新意，但当我邀请她写书时，她却差点把头摇掉，宁死不写：“不会，不会！写东西能要我的命！我从小到大没写过一篇像样的文章，更何况写书！”

我鼓励她说：“会说就会写啊！如果我悄悄把你说的话录下来，然后转换成文字，稍加修改、润色，这不就是你的文字作品吗？现在我也经常这样鼓励写作新手。”

我也曾以为自己能写而不能说，因而在作品畅销后拒绝了很多演讲的机会。七八年前出版社的编辑就用我现在的话来鼓励我：“你能写就会说啊！”我当时也像蒂娜一样，宁死不讲：“不会，不会，演讲会要了我的命！”

2012 年，我的作品在海外再次畅销，出版社开始游说我做一些讲座。我想起了那个男孩说的，我静得让人感到可怕。那次，我决定给我的嘴巴一次挑战机会。

经过一个月的充分准备，我应马来西亚大众书局的邀请，把人生中的第一次讲座献给了吉隆坡和槟城。尽管第一场讲座中我不敢直视台下听众，但第三场时我已经被人形容为“沙场老将”。你根本想不到，我去的时候大义凛然，回来的时候却意犹未尽。后来出了新书，我也会为读者做一些相关主题的讲座，而且越来越熟练。

不可否认，有的人确实有讲说的天分，有的人确实有写作的天分，但并不是所有事情都必须有天分才能做成，只要自己喜欢、需要，想要去做，就去做好了！

我做图书策划和自由写作已经很多年，结识了很多学术素养高的老师和阅历丰富的朋友，他们有时让我“听君一席话，胜读十年书”，我也总想着把他们的话变成文字。特别是具备专业知识、讲课妙趣横生的老师们，我很希望他们的讲课内容能够变成文字形式，方便读者们随时品读，而我们手头的教科书大多都有固定的条条框框，每次看书至恹恹欲睡时，我总会抱怨藏在书本后那些面无表情的编著者们，他们用枯燥的语言成功且专业地摧毁了读者们的阅读兴趣。

一直被我游说写书的蒂娜一直不认为自己会写东西。我说：“好吧，给我三天时间，我要采访你，你负责说就行！”我们确定主题后，在她的办公室、咖啡厅、饭馆，断断续续地聊足了 24

小时，然后我请人将音频聊天内容转成电子版，对内容进行编排，最终整理的电子文件有八万七千多字。

“天啦，我说了这么多？”当我把这些文字交到她手中时，她难以置信。

“远远不止，我还删掉了一些重复的以及和主题不相关的内容。”我得意地说。

这时，她才对写作产生兴趣。我让她自己抽时间做一些修修补补的工作。两个月后，她把自己精心修改的处女稿交到了我手中。嗯！确实是她的讲课风格，十万字。

给蒂娜策划一本书，就像给她设计一所房子。很多人想要房子，但想到那是一个巨大的工程，自己不会设计也没有修砌经验，怎么可能实现呢？他们不知道自己其实有土地，有材料，也有修房子的能力。如果先按自己的构想把房屋框架搭建好（当然，根基要稳），然后根据蓝图一点点地往上砌墙，逐渐完善，装饰，假以时日，房子就建成了。

我们身上的很多能力都是可以相互转换的。我从来没有过当众演讲的经历，却可以独自在国外连讲三场而不被发现是新手；蒂娜从未写过书，她的原创书稿却能在几个月内完成。

我们每天都在经历不同的事，都在与他人打交道，都在说话。所谓“嬉笑怒骂皆成文章”，会说就能写。只要你愿意，你会成为一个好的书写者，尝试着把自己说过的话用文字表达出来吧。相信自己的潜能，不必总想天赋的问题。

因何而写，为谁而写

writing

曾经有个十六岁的女生带着她的作品来向我请教。

看着她的得意之作，我想：“嗯，很符合大多数青春期女孩的作品特征——没有明确的主题，全文用词华丽优美，隐约能读出丝丝忧伤，却又不知这些忧伤从何而来，饱含情义，却又虚无缥缈。”几千字看完我竟然不知道她究竟写了什么。

她问我哪里可以发表这些文章。

“这是写给自己的，还是写给别人看的？”我没有回答，而是换了个话题问她。

“哦……写给自己的吧！”她一只手托腮，然后捋了捋头发，噘起嘴巴慢节奏地回答。

“写给自己的东西，别人不一定能看懂。”我说，“你写得不错，但如果要发表的话至少要把主题表达清楚。”

其实每一种风格，无论是有感而发或是无病呻吟，都是作者的内心写照。十五六岁的青春期少女，她们的人生中还未发生过动人的故事，但内心却对某些事情有了一些萌动。她们一方面渴望得到他人的理解，另一方面又害怕他人通过文字洞察到自己的真实内心，所以，她们会模仿那些风花雪月的词句来编造自己的梦，到最后究竟写了什么或许连自己也说不清，文章的意义以及其中的情怀只有她自己懂得。

然而，如果你的文字是写给自己的，即使别人看不懂，甚至说你写得很烂，你也不必理会，因为这跟别人没关系。写作对你仍是有意义的，因为它是你真情的流露，是你最真实的情感表现。相信我，多年后当你再次看到它时，你的内心会莫名地为之一颤。就像上面所说的女孩的文章，不是用来看的，而是用来感觉的。

只有当写作成为一种职业时，才会有很多条条框框的限制。职业写作并不如自由写作那样畅快，因为在敲响键盘之乐时，要听从的指挥官太多。

所以，当你提起笔的时候，你有必要先确定现在是因何而写，为谁而写。为了抒发情怀，还是为了稿费？为了记录自己的人生故事，还是为了把经验授予他人？是刻意为之，还是有感而发？

在我看来，写作的目的只有两种：一种是为他人，一种是为自己。

为稿费而奋斗的写作有很多束缚，很多情况下你是为别人而写。你既要听从自己，也要听从出版机构，还要听从读者。为了文字能顺利发表，有时候你不得不做出一些妥协。

我相信大多数作家都有向出版社妥协的时候，眼睁睁地看着编辑们删掉那些他们认为“不符合出版要求”的内容而心痛。记得我很早以前接受一部约稿，交稿后出版方觉得印刷出来书会太薄，又让我硬生生地补充了些不痛不痒的内容。

出版机构会迎合市场，大多数情况下，市场是由读者而不是作者决定的。对于职业写手来说，更多的是考虑读者需要什么，而不是自己要展现什么。如果你总是自顾自地表达自己、炫耀自己、释放自己，而不去考虑读者的特性和需求，不去想别人能从你这里获得什么，别人又有什么理由选择你的作品呢?

你可能不知道，很多学者、研究者、教授们花了一辈子的心血整理出来的研究成果因为没有迎合大众需求，读者面太窄，而遭到出版方的婉拒，而一些懵懂少年花前月下的感悟却往往在图书市场大行其道。当文章变成商品，大众衡量它成功与否的标准往往是它的畅销度，而不是它本身的价值，这就是市场经济。

写给别人的文章，就像送给别人的礼物，自己喜欢固然重要，但对方是否喜欢（或是否适合对方阅读）更重要。比如，你的文章若写给三岁小朋友看，你就有必要揣摩小朋友的心思，用他们能听懂的语言（浅语）和他们交流，你要告诉他们太阳下山是因为“太阳公公想回家睡觉了”，而不能一本正经地说“因为地球自转，当自转到太阳照射不到的临界点时，就出现了太阳下山的现象”。

再比如，若拿一本十年前出版的小说和最近出版的小说相比较，你会发现以前的小说自然段几乎都很长，有的甚至一个页面只出现一个段落，而现在的书中则大量使用短句。这就是出版方迎合读者阅读习惯的一个小现象。现在人们的生活节奏变快，压力大，内心浮躁，缺乏耐心，他们读到长长的段落会嫌累，所以很多编辑经常会提醒作者，“注意多分段落！”“要配图！”“要让读者轻松阅读！”

职业作者写文章并不是随心所欲的，他们在主题选择、写作形式，甚至包装等很多方面都需要考虑到目标读者的特性和阅读兴趣。同样是写文章，写给自己看和写给他人看，完全是两回事。

如果是写给自己的，那就很自由了！写作既是一种表达自己，与他人交流的方式，也是一种个人学习和修养的方式。你可以随心所欲地写任何东西，不必有任何顾忌，只要自己开心就好。

写作是我的爱好，同时也是我的职业。有很多朋友为此羡慕不已：“你可以用自己的爱好换饭吃，真好！”也有些朋友深刻地理解：“当爱好变成一种职业，并不一定是件好事！”

其实，我把自己的文字分得很清，我知道它们各自对我意味着什么：

“你，给了我一碗饭，我要认真、负责地把你写出来！让你代表我像模像样地出现在读者面前！”

“你，负责陪伴我，逗我开心，陪我悲伤。你是自己人，我对你就会随意一点啦！”

写到这里，我好像很得意于有两个忠诚的文字伴侣轮流陪着我，一个与我相敬如宾，一个与我嬉笑打闹。

有时即使在赶稿期间，我也会任性地打开日志，随心所欲地写点自己的小情绪，比如开开心心地写个孩子的搞笑糗事然后配上他的表情包，义愤填膺地写个社会新闻事件让朋友们也参与评论，边写边自我分析昨晚那个意味深长的梦，等等。写完就把页面关掉，获得不吐不快的快感后，再心情舒畅地去赶稿。

所以，我的写作状态是喜欢也写，不喜欢也写；有灵感会写，没灵感也会写；晴天会写，下雨天也会写；高兴了会写，伤心时也会写；有任务时会写，没任务时也会写；为别人写，也为自己写。

写作就像垂钓，钓的是心境

writing

看别人的文章时，你可能会感叹别人的故事精彩万分，耐人寻味，而回想自己的经历却是平淡无奇，不值一提。其实，大多数人的生活并没那么多的经典传奇，你看到的很多都只是别人美化过的生活或艺术加工后的作品而已。

我们总是费心尽力地去读别人，读别人的作品，却很少想过要读一读自己，读自己的过去、现在和未来，读自己的伟大或卑微，读自己的快乐或悲伤，读自己灵魂深处的声音……

你可曾真诚地和自己对过话，耐心地回顾自己的过往，认真地了解自己此刻心中所想？

在这个纷繁复杂的社会中，我们很多时候戴着面具行走。生活教会了我们伪装，我们与自己的精神目的地渐行渐远。理想世界逐渐长满了野草，尘世的喧嚣与浮躁让我们没有时间去听自己的声音。很多时候我们过于关注周围的一切，而忽视了自己的存在。

或许当你羡慕别人是一首诗的时候，你自己早已是一首诗，只是你从未读过而已。正如“你站在桥上看风景，看风景的人在楼上看你。明月装饰了你的窗子，你装饰了别人的梦”。

在你充满好奇地阅读别人的同时，也不妨充满趣味地读读自己吧！不要把写作想象成一件很严肃和头疼的事情。你是作者，同时也是自己的读者。把文字当成你的情绪出口、精神伴侣，抑或是娱乐工具。

找一个不被打扰的时间，面对自己的顺境与窘境，在一方白纸上写写自己的故事是一件非常有意义的事情。你可以随心所欲，既关注自己的心声，又洞察周围的世界。我手写我心，勇往直前。这里没有卑躬屈膝，没有矫情掩饰，没有批评指责，只有你自己——一个自由奔走的自己！

写作是一项安静的活动，而且是一个意识和情感输出的过程，这个过程中无论输出了什么，快乐或悲伤都是你此刻内心的呈现。比起心直口快地与他人交谈，独自书写会让你更自在，你不用面对任何社会评价。

写作的过程也是一个思考的过程。你需要考虑写什么，如何写，为什么要这样写。你的思路会随着思考的深入而逐渐清晰。有人说读书可以修身养性，其实，写作又何尝不能？写得越多，思考得越细致，你就会自然而然地修正一些不妥的生活观念，逐渐发现人生的真谛。

写作也是一个减少浮躁、保持清醒的好办法。现在对我来说，写作更是一个静心的过程，不等待灵感，不需要结果，享受过程就好。它很多时候带领我一层层剥离表面的自我，看到内心真实的情况，培养了我的耐性，减少了我的焦虑感。

我写作最高效的时候是心情不好有心事的时候，手指敲打键盘的速度完全跟不上大脑的指令。一种情绪生成一个个文字出现在眼前。写着写着，自己困在某种情绪里，愈演愈烈，大脑完全亢奋，脑海里似乎波涛汹涌，越写越急躁，越写越愤怒，可是等写完之后，深深呼出一口气，内心逐渐平静。

写作不仅让我内心平和，还教会了我独处，减少了我的孤独感或无聊感。独处时正好可以与自己对话——去想那些想写而没来得及写的主题，比如读者晓梅说被男朋友骗，想要狠狠地报复他，我告诉她要“及时止损”；早上为了哄孩子起床，我编了个“挠痒痒星星”的故事，他笑着“噌”地一下坐了起来；父母给我快递了家乡的美味包裹，看到父亲工工整整的笔迹，我开始想念他们了；昨天刚看了电影《老炮儿》，心想，其实自己很不喜欢这个主人公群体。

我喜欢想，喜欢写；想得随心所欲，写得自由自在。而且我一直认为自己内心任何时候都是丰富多彩的，因为大脑中随时都可能在上演各种不同的故事，这些故事有的是自己的，有的是别人的。

有时候，我觉得写作就像垂钓，是一种修身养性的好方法。

钓翁之意不在鱼，垂钓的最高境界并不是最终钓到多少鱼，而是钓回了一个怡然自得的心境，写作也是如此。

文字中有你成长的痕迹

writing

与文字为伴的人，一生中，文字如影随形，可能只有文字最懂他。我现在能找出来最早的文字伴侣是我童年的日记：今天帮妈妈单位的叔叔阿姨们送报纸受到表扬啦，昨天晚上做了一个很奇怪的梦啦，今天终于戴上红领巾成为少先队员啦……

接着是中学时期几本带锁的日记本，回想起来也很有趣：曾经因为日记本上的小锁被母亲撬开偷看而哭得稀里哗啦，现在翻看其实里面也并没什么不可告人的秘密。也许那时锁的不是文字，而是青春期的躁动吧！

现在我每年至少写四十万字，完成约稿，也写自我成长。虽然我们常感叹光阴似箭，岁月如梭，但我们可以多次享受曾经历的时光，不过唯有你自己勤劳才可以获得。

有时翻看多年前的日记本，我呆坐，傻笑，思绪万千，不禁问自己："啊！原来当时发生过这么有趣的事，我完全不记得了！”我试图穿越到从前，体会过去的那个自己。这种感觉就像看电视剧一样，一旦沉浸在其中，自己仿佛也变成了剧中的某个角色。

遗忘是一种自然现象，我们经历的很多事情都会随着时间的流逝而一点点淡忘，但你不知道的是，遗忘并不等于失去。很多记忆都在脑海中储存着，永远都不会丢失，只是我们记忆提取的线索丢失了而已。好在这些日记就是我找到它们的线索。

如果你（或即将）与文字为伴，请保存好写过的每一篇文章，它们会见证你的成长。多年后当它们再次出现在你面前，你会为之感叹："我好像长大了！""我好像比以前更会处理这种事了！""我以前怎么那么傻，现在可明智多了！"

我很喜欢"成长"这个词。以前一直认为"成长"只属于小孩子，小孩子长大成人，从不懂事到懂事就是成长了。后来发现其实人的一生都在成长，只是速度有快有慢罢了。

我的日记中经常出现这样的文字：

> 又有几天没写日记了，而这次提笔亦因为很迷茫。这段时间过得时好时坏，高兴的时候与朋友们分享，而痛苦的时候除了翻开日记本，再也找不到可以倾诉的地方。开心可以一笑而过，要是苦闷能一哭而过也就好了，而它却一直压抑在心头，挥之不去……

有时是为工作不稳定而担忧，有时是为与男友别离而伤感，有时因为受到别人误解而委屈。然而，这些当时的大事，现在看来都已是浮云。

那些曾让你头疼的事，现在你能轻松应对了；那些曾让你望尘莫及的人，现在你感觉不过如此了；那些曾让你无法面对的过往，现在你能坦然接受了……这些都是成长的迹象。

很多朋友问我，你写过那么多书，自己最满意的是哪本？我说，很遗憾，我总是觉得我的“下一本”永远都是最好的。九年前我最拿得出手的《愈智慧愈美丽》，前年出版社要求再版，被我拒绝。因为现在看来，书中只有少数文章让自己满意，有些观点随着年龄、学识和阅历的增加都已经发生了变化。我宁愿写一本新书更新我的思想，也不愿简单地再版它。

这些都只源于对已有的不满意，追求更满意。当我提笔开始写新书的那一刻，我悟到，当满意的变成了不满意的，当更满意的出现，这就是成长。

以前我从不主动送书给朋友们，哪怕他们认为我已经做得很不错了。这几年我从自己文字中获得的信心和力量越来越多，我开始乐于主动与人分享。我知道在我的文字海洋中流淌着自己的智慧与价值。

无论是写日记还是写书稿，于我的成长都有更深层的意义。

从情感上看，我早已将日记人格化，日记本是我多年的老朋友。它不仅仅是单纯的信息载体，同时也是自我放松、自我宣泄的载体，最安全的倾诉对象。然而，它最重要的作用是让我进行批判性反思。在日记写作中，我能做到真实地记录和描述某件事以及内心最深处的重要想法和情感，不断与自己对话，对事件进行直接反思。我也经常陷入愤怒、兴奋、悲伤、焦虑的情绪中，因为没有外在的评论压力，我能自由地宣泄情绪，漫无目的地行走，然后安静地审视自己。

书稿对我的成长价值在于重建故事。由于是有目的地书写，我知道自己的责任，我知道应该将自己和读者带到何处，因而我更多的是思考每篇文章对我的意义。在对自己及周围的一切给予积极关注的同时，我会重塑一个个充满希望又切合实际的故事，并将故事与生活关联起来，让其重新指导生活。写书稿时，我会把自己放在一个相对的高度看待生活，我当然是理性和平静的。

写作是一个见证个人成长的过程，每个人都应该试试。

写出心里话真的会舒服吗

writing

记得中学时代，情窦初开的同学们喜欢用含蓄的方法表达对异性的喜爱，会在课堂上传小纸条，还会在放学后写情书。男生们喜欢在学校墙壁上偷偷摸摸地写上“张晓雅，我爱你”“李大伟喜欢张晓雅”“李大伟爱张晓雅一万年”等标语，而女生们则会在日记本中将心仪男生的名字写下千百遍。

现在，如果你去一些管理较差的公共厕所，也会发现厕所隔间的门内侧就像一块块宣泄板，上面写满了一个人对另一个人（或群体）的爱恨情仇。比如：“为什么我为你付出那么多，你却为了她抛弃我？”“我一定会对你好一辈子的，我们结婚吧！”“你们狗眼看人低，我不会放过你们！”此外，还有大学的课桌上、景区的树干和墙上等地方，我们都能看到某些涂鸦者的心声。

其实这些话最终并不一定能被对方看到，但他们为什么要写呢？把心里话写出来，会让人感到痛快、舒服吗？会！

弗洛伊德精神分析派的观点认为，当人们压抑内心情绪，克制内心感受和想法的表达时，身心健康会受到不良影响。如果人们表露情绪的体验被阻止，就会导致歇斯底里症状。情绪与行为的长期抑制容易产生情绪压力，所以人有宣泄的需求。

实验也证明经常压抑、隐忍悲愤情绪的人，罹患癌症的概率比时常将内心情绪表达出来的人高出很多。人的内心好比一个气球，当里面的气体充盈到一定程度，弹性很好，但如果一直不停地往里面充气，里面产生的压力就越来越大，到了某一刻它就会爆炸。

情绪爆炸通常有两种形式：一种是对外破坏，表现出对他人的攻击行为，比如在工作上受气的丈夫回到家中把气撒在妻子和孩子身上；另一种是对内破坏，表现出伤害自己的行为，可能会自责、自虐甚至有自杀倾向，比如情感受伤的人用烟头烫伤自己，割腕自杀。

用合适的方法将不良情绪感受表露和宣泄出来，能很好地缓解人们在情绪和行为上的抑制，降低压力水平，促进身心健康。我们每个人都承受着生活的压力，都需要一个出口。人们宣泄情感情绪的方法有很多，有的人会找朋友亲人倾诉，有的人会到无人的旷野呐喊，有的人暴饮暴食，有的人选择诉诸笔端……

说与写都是人们表达内心的主要方式。在心理治疗上，让人们谈论出自己的想法和情感是一种治疗精神痛苦的方法，“谈话疗法”早已运用到心理治疗中。但与说相比，写更隐蔽自由，更简单方便。写作能以直接、简便和有效的方式来解除我们对内在情绪压力的深度抑制。

对那些内心压抑、难于倾诉情绪的人来说，写作能起到很好的宣泄和认知重构的作用。很多读者在给我的来信开头都类似于这样：“压抑到极限时感到自己要崩溃了，但找不到一个可以信任的人来倾听，最终不得不写出来……”他们在无计可施的情况下，本能地找了一种安全方法来解救自己。

选择书写的人用文字来舒缓心中苦闷，他们用文字实现自己的愿望，将内心呈现到纸或电脑屏幕上，通过写作实现情感的表露。就这样写着，感受着，有朝一日突然发现自己的文采原来可以这样好，一不小心还成了作家。细细想来，我的作家头衔也可能是这样得来的。

很多中国古代的文学作品中，无不饱含作者自己的人生抱负和沧桑经历。陶渊明仕途不得志，移情自然，独善其身，不与世俗同流合污，独享内心中的“桃花源”；蒲松龄创作出梦境般的虚构情节，冲破现实束缚，在鬼神中解决现实中无法解决的矛盾；鲁迅以笔代枪，用简明犀利的语言表达对整个时代的不满和批判，现实的冲突在他的文字中得以呈现。

写作是一个人的内心呈现。你读到的是他人的故事，作者发出的却是自己的心声。我们可能无法掌控现实生活，但可以随心所欲地驾驭文字，甚至通过文字改变自己的认知、情绪和行为，进而改善生活状态。从这一点来讲，写作可以说是一种自我期待，也可以说是一种自我取悦；可以说是一种自我释放，也可以说是一种自我成就；可以说是一种自我展示，也可以说是一种自我救助！

治愈心灵的文字

writing

每当闷闷不乐时，我总会情不自禁地把烦恼统统写出来。就像有些怨妇在他人面前喋喋不休地抱怨一样，在纸笔面前，我有时也是个名副其实的怨妇。

很多次，在我忐忑、忧郁或焦虑时，我会快速地打开日记本，让情绪瞬间自由爆发。时间很短，也许只是十几分钟。有时是写下某件糟心事，有时是倾倒满腹的委屈，有时是把某个家伙臭骂一顿……写完的一刹那，看着这些语无伦次、毫无章法的文字，内心却感到极大安慰。然后合上日记本或关掉文档，继续做该做的事。

在学习心理学期间，我意识到写作与心理健康一定有着某种关联。有一天在查阅文献时，我看到了詹姆斯·彭尼贝克与约翰·埃文斯的著作——*Expressive Writing: Words That Heal*，从科学的角度确定了写作对一个人身心健康的神奇力量。

彭尼贝克是美国一位社会心理学家，也是写作治疗的先驱。他在20世纪80年代主要研究语言与创伤恢复之间的联系。在他的研究和倡导下，写作逐渐运用在心理治疗领域。人们用写作来改善整体心理健康及一些心理问题，如焦虑、抑郁和创伤后应激障碍等。

在此之前，很少有人会把写作与身心健康联系起来。用写作来帮助一个人改善健康，治疗心理问题，听起来不可思议，事实上它却真的做到了。彭尼贝克称其为表达性写作，一种通过书写的方式披露和表达与个人重要经历相关的感受和想法，从而促进个体身心健康的心理干预方法。

这个过程中人们写下的可能是一个完整的故事，也可能是一些碎片语句，甚至有时候自己都不知道写了些什么。人们写下的与其说是某种经历，不如说是关于自己对所发生的或正在发生的事情的感觉。

研究者们运用一些生理、心理健康的测量方法来评估表达性写作的效果。试验后发现，人们在参与表达性写作后，一些抑制的生理指标（如皮肤电、血压、呼吸）有所下降。当人们充满情感地写下经历的某件创伤事件时，会有消极的情绪体验和认知重组，同时伴有血压升高、心跳加速的生理反应，短期内消极情绪体验增加，但随着时间的推移，它所带来的积极效果就逐渐表现出来。

在最早的表达性写作实验中，研究者招募了两组大学生作为参与者。一组为实验组，被要求写下对过去创伤性事件的感受和想法，而另一组为控制组，被要求写一些中性的、浅显的主题，如他们的日常计划、时间管理等。两组大学生都被要求连续写4天，每天15分钟。

实验结果表明，与控制组相比，实验组大学生在写作过后，难过和焦虑的感受迅速上升。这种感觉就好像他们刚看完一部悲伤的电影之后产生的伤感。这说明表达性写作并不能产生某种即时的释放或快感，但是从长远来看，这些学生去学生健康中心就诊的次数比之前明显减少了。在随后的六个月里，他们因病就诊的次数是控制组的一半。更为重要的是，他们认为那次写作的价值和意义对他们来说非常大。他们不仅在后面的问卷中提到了这一点，甚至还当面感谢研究者让他们参与了那次表达性写作。

写作为什么会改善人们的身心健康?

写作过程类似于疏导情绪的心理分析过程，能帮助人们释放早期压抑的情绪，正视消极体验，以减少压力，最终获得更好的健康状况和免疫机能。在写作过程中，人们深度表露内心隐藏的想法或宣泄强烈压抑的感受，使来自创伤经历和消极情绪的压力得到缓解甚至消除。

表达性写作作为一种书面表露的技术手段，让人们以直面与压力有关的想法和感受而非逃避的方式，自觉投入情绪表达的任务当中，通过书写内心最深处的情绪和想法，多次反复地暴露痛苦和创伤性经历，逐渐习惯和适应相关情绪刺激，不断降低应激水平，最终消除情绪困扰。

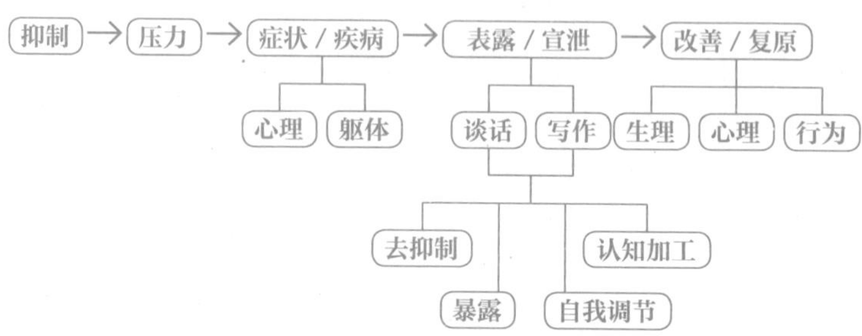

研究者安排艾滋病人进行表达性写作实验后发现，那些通过反复书写创伤经历，从而拥有高水平情绪暴露的患者，不再逃避那些消极情绪和想法，其免疫系统功能增强，重新获得了主观幸福感。

同时，写作也是一个认知加工过程。人们在写作中积极探索事件经历及其对生活、行为和信仰等方面的影响，并将信息整合、重组，从而促进人们看待事件的角度和方式发生改变。比如研究者发现经常在表达性写作中运用觉察类词汇（如“理解”“意识到”“意义”等）的大学生们的学业成绩得到提高。他们由刚开始的语言组织不善，到最后能对事件经历有一个清晰完整的描述，并进行一定的评价反思。

人们将对创伤性经历的深度感受在特定的语言情景中进行认知重构，将有意义的信息重新整合到先前存在的世界观、价值观中，因而看待创伤经历的认知方式、角度和类型发生改变，在表达出心理困扰的同时也潜在规划和加深了对事件的理解。

大量实验结果表明，表达性写作对健康人和临床病人的身心健康都具有显著的促进作用。比如，通过写作，人们可以减少考试压力，改善社会关系以及应对失业压力。在医疗环境中，写作在一些慢性疾病患者，如哮喘患者、风湿性关节炎患者、癌症患者等的疾病治疗上起到了一定的推动作用。在心理治疗上，那些有创伤经历及患有特定心理疾病的人，如创伤后应激障碍患者、有自杀倾向和遭受丧亲之痛的人也获得了较好的治疗效果。

文字可以治愈心灵，改善生活，写作的力量不可小觑！

写作能教会你很多，

包括用心感受与聆听。

井底之蛙能写出井底的荒芜，

却不能表述出大千世界的各种精彩。

无论发生了什么，

是好是坏，

都是自己耕种和收获的原材料，

都会进入我的“储材室”。

第二部分

利用自己的寂寞时光

文字的源头在生活

writing

记得七八年前有一次与某出版社主编初次见面，她见到我第一句话是：“啊？你这么年轻啊！”言下之意是，这么老练的文章真的出自你这个年轻人之手吗？

一个人的年龄与其作品的优劣有因果关系吗？在作品发表以前，我也对作家们顶礼膜拜，把写作这件事看得非常庄严神圣。现在我从许多读者对我的态度中也能感受到这一点。一位比我大六岁的女性朋友听说我是作家，顿时肃然起敬，自然而然地叫了我一年“姐姐”，后来才发现其实我比她小不少，真相大白那天我们都尴尬无比。

写作不过是一个信息通过大脑“输入”与“输出”的过程而已，没有多么高深莫测。人们对作家的刻板印象停留在年长者身上莫不是因其阅历丰富，信息输入量大。

我不是一位沧桑的老者，目前也没有值得炫耀的传奇经历，暂时也没经历过大起大落的人生，在个人经历方面的信息输入量并不丰厚，但这并不影响我在其他方面的信息输入。比如我与每位读者交流，我向一些优秀的老师学习专业知识和技能，我在阅读书籍的时候吸收到作者的思想等，这些都是信息输入的过程……

我二十多岁处于热恋中时，有非常美好的恋爱体验。我想，每位女生都希望自己被宠爱一生，而受宠总要有理由。于是，结合自己的恋爱相处经历，在请教身边的朋友以及查阅大量书籍后，我情真意切地写下了《让他宠爱你一生》。书出版后，有一本落入了母亲的一位朋友之手。她看过后非常质疑并直言不讳地问我："你这么年轻，怎么可能懂那么多？"我说："阿姨，您没发现如今的孩子都比您那个时代的孩子早熟吗？"

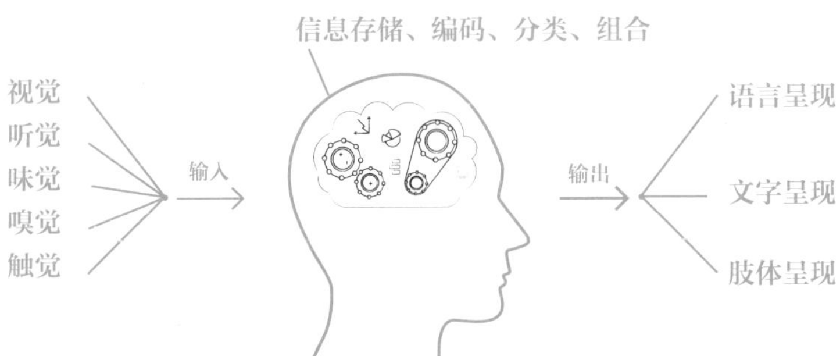

我眼里看到的、耳朵听到的、舌尖尝到的、双手触摸到的……无时无刻不在向我的大脑输入。这些信息再经过大脑加

工，存储、编码、分类、组合，最后提取，输出——就是这么简单。我写自己，也写别人。这就是为什么很多读者感觉在我的文章中能隐约看到他们的身影。

一个人只有经历过很多事，有丰富的阅历才能写出好文章来——很多人会自然而然地这样认为。的确，自身的经历是很好的，也是很重要的输入信息。它全面开启了人们的感官世界。当五官感受交错呈现，收到的信息会更加具体、深刻和详尽。我们可以看到很多文豪的作品实际都是他们自己生活的写照，每个作品中都可以看到他们自己的影子。

然而，自身的经历并不是信息输入的唯一途径。张爱玲在《倾城之恋》中把爱情刻画得淋漓尽致，把白流苏和范柳原描绘得入木三分，可她在写这本小说的时候却是一个从没谈过恋爱的懵懵懂懂的少女。有人说这本小说是她写给自己的童话，难道不是吗？

写作能够帮助作者开悟，当然，这需要作者有悟性。有的人历经沧桑却精神空虚，而有的人未出茅庐早已感慨颇多。你应该知道，现实生活丰富多彩的人对周围发生的事未必敏感，他们的内心世界未必精彩，而内心世界丰富的人大多对生活充满了好奇，他们喜欢感受和思考自己接触到的世界，哪怕一些很小的事也会碰撞到内心，进而有所感悟或启发。

这些年来，有无数人对我说：“我的故事真的可以写一本书了！”“我的经历拍一部电影绰绰有余！”“哪天你有空帮我写本传记吧，太值得写了！”他们也只是说说而已，因为他们不知道如果真的为自己写一本书意味着什么。

建立自己的“储材室”

writing

“写一本书大概要多长时间？”

“有时三年，有时三个月。”

“什么？”听我这样回答，很多朋友觉得不可思议。在他们眼里写作是个苦差事，没个三年五载怎么能写出一本书来？

其实，无论是写一篇文章还是写一本书，都像做一顿丰盛的大餐。厨师的手艺固然重要，但食材也非常关键。你一定知道巧妇难为无米之炊。

当你想做一道蔬菜沙拉时，如果拉开冰箱就能看到早已储备好的新鲜蔬菜以及上好的沙拉酱，这当然能为你节约很多时间。但一位厨师若只懂得烹饪技巧，却不会辨别食材，不关注哪里的食材最好，不懂得有必要的囤货，他一定不是一位好厨师。

写作对作者来说也是如此。当储备到了一定程度，你一定会少很多抓耳挠腮的时间，写起东西来得心应手，因为此时你只需用大脑编程系统将素材按你独有的语言风格组织起来即可。

既然我是“大厨”，我以烹饪文字佳肴服务于顾客为职业，我必然会有很多“储材室”。我随时都在从里面掏东西出来，也随时都在往里面添加东西。倘若某天里面储备的食材所剩无几，我会感到不安。所以，我习惯于把它们填得满满的，而且力图让它们品种丰富、全面。当然，为了保证食材的新鲜度，我得不停地采购、添加。

在积累素材方面，我是个再小气不过的人了，你可以叫我“守材奴”。任何有用信息都可能变成我的素材。我会把它们收藏在“储材室”备用。经历过的事，只要对我有些许触动，我都会记录下来。比如，我的记事本以及网络日志中有很多类似这样的小段子：

前天到一个公司谈合作，由于早到了一会儿，两个女职员接待了我。其中A相貌平平，B长得有点突然，特别是她的下巴有些原始人般的突出。由于交谈时间不长，所以我对她们印象并不太深刻。今天签协议时突然想起她们，B那有特色的下巴一下子就浮现在我脑海中，而相貌普通的A，我却怎么也想不起她的模样。呵呵，看来，这年头或丑或美，特色才是博人眼球，让人记忆犹新的硬道理啊！

今天，写了一年多的稿子终于交出去了。感觉交稿就像嫁女。“来来来，让为娘再看一眼！衣服穿整齐没有？花戴好没有？妆还要不要补一补？”上看下看，左看右看。吉时已到，嫁了！亲生的啊，不是代孕来的！

这个习惯可能与我从小写日记有关，也可能源于我人生阅历有限，才会特别在意这些零零碎碎的小素材吧，就像没钱又没太多机会挣钱的人喜欢努力攒钱一样。

有时在编辑催稿的情况下，我十分不情愿地敲打键盘。当对方下了最后通牒，我就要连滚带爬地赶往前方，就像一辆汽车已经开了很远的路程，汽油很快将耗尽，但又不得不焦急地赶路，而且要稳妥前进，不能出交通意外。怎么办？

当然先要“加油”——认真翻看自己的“储材室”——大脑记忆、网络日志、记事本、日记本、便笺纸、读书笔记、随诊记录、心理案例……很快就能找到继续写下去的线索。

有时若储备不够，还有必要去“临时采购”，即约上对相关主题有专业见解的老师或朋友边饮边试图碰撞出思想的火花。比如写这本书，后面会涉及疗愈写作、情绪调整、心理游戏等方面的内容，我因而约见了几名精神科大夫、心理学教授以及做心理咨询的朋友，让他们给我加了不少“油”！

作品是否精彩，很大程度上取决于“储材室”中食材的丰富程度、作者的素养与眼界。倘若食材有限或同质性太高，能制作出的食物的味道当然有限。一位作者若感官上接收到的刺激少，眼界不够开阔，头脑中输入的信息量少，输出时的组合形式自然会少。这样的话，他就没有办法站在一个相对的高度，带领读者进入自己的世界。

“储材室”并不仅仅只是对职业写作而言。对心灵写作来说，它亦是你的成长相册，因为这些素材都真实地来源于你的生活，这里有你认为值得记录的事。重要的是，为了更好地记录，你必定会更用心地观察和审视，而且在记录的过程中，你对素材进行了思考、归纳和总结。不知不觉中，你会变成一个视野开阔、有思想的人。

眼界越开阔内心越充实

writing

如果你愿意用心去感受生活，并经常思考和总结，你的人生或许会更有趣味。

“那些松针下面细长的蘑菇好像金针菇哦！”“那棵松树的皮怎么像迷彩服一样？以前从没见过这样的树，难道它是嫁接的？”我经常和朋友们出游，回来后分享心得时提到某些小风景、小花草，有时也美美地发到朋友圈。

“有吗？我怎么没有看到？”“你在哪儿看到的这些？”朋友们听到后常瞪大眼睛好奇地问我。其实，漂亮的风景就在那里，有的人能看到，有的人却看不到。

写作能教会你很多，包括用心感受与聆听。很难想象一个对生活麻木不仁的人会写出一篇生动的文章来。我相信作家的感受能力要比一般人高。在一个环境中，他们会不由自主地调动五官去体验，看一看，听一听，闻一闻，尝一尝，摸一摸。因为要写，所以要细心地观察和体会。

我一直认为，一个人内心的开阔与视野的开阔密切相关。井底之蛙能写出井底的荒芜，却不能表述出大千世界的各种精彩。用心去感受身边的万事万物——初春时节野外草地上花草的清香及清风的灵动；失去与你谈了四年的恋人后内心刻骨铭心的疼痛；夜深人静，听一首老歌时的万千思绪；孩子初次离家时你心中的牵挂……你的感受越深，文章就会越生动。

遗憾的是，随着社会科技的发展，电子产品的兴起，人们似乎不再像从前那样依赖或信任自己的感官。比如在旅途中，很多人疏忽了亲近大自然时的感受，而是把时间和机会留给了相机。那些美妙的、重要的时刻固然可以用照片定格，但我们自身的记忆是否需要花更多的时间来存储外界的刺激呢？

当你回家翻看这些照片的时候，看到的只是一张图片而已，却记不得当时身在其中时的细微感受。你可能拍摄了很多花朵，却没顾得上去闻一闻它们的芬芳，仔细瞧一瞧它们花蕊的特别之处。你只是看了一眼它，并没有观赏它。下一次不如放下相机，用心去感受被你忽视过的东西。

除了自身感受，倾听对写作也有很大的帮助。听爷爷讲他小时候经历的苦难战争故事，听你的朋友讲他那惊心动魄的野外求生经历，听树上两只小鸟叽叽喳喳地聊心事，听清风吹来树叶摇摆缓缓落地的声音……如果你能捕捉周围真实的一切，写作会更加自由和快乐。

重要的是，倾听时不带成见地接纳事物的本身，这一点几乎没有人能做到。或悲伤，或欣喜，或愤怒，或哀怨……想象如果有人向你倾诉他的烦恼，你会被他的思路带着走，心情顿时变得沮丧，还是有能力保持中立，把他从情绪的泥潭中拉出来？当倾听结束后，你有必要回想刚才听到了什么，并懂得判断事情的真伪，发掘某种声音背后的故事。不仅倾听当下，还要倾听过去和未来。

人生来原本头脑空白，大脑输出的各种信息依赖于输入了什么。文学作品都来源于生活，多听、多看、多感受，然后试着将输入的这些信息以不同的组合方式输出。寻找生活中内部和外部的各种新经历会让你的素材更加丰富。你可以通过旅行、读书、看电影、和朋友们交谈等形式增加信息输入的机会，充分调动自己的感官，更重要的是你要多注重内心的感受。

你的眼界越开阔，内心越充实，素材组合方式就会越多，文章会越有趣味或深度。当然你的为人也会越有内涵，那时你的写作能力和生活能力都得到了提高，你得到了成长。

写作的过程看起来是手指的运动，其实主要是大脑在不停地思索。写作最基本的作用是表达自己，而最高境界则是洞察生活，探讨生命。

遭受的一切都是好素材

writing

我有幸成为众多读者、朋友及来访者的安全倾诉对象。他们把自己的人生故事讲述给我听，从我这里寻找到情绪出口的同时也留下了堆积如山的情绪垃圾。我的邮箱、手机信息里大多是他们“不知所措”或“痛不欲生”的求助留言。

“几乎每天都接触这么多负能量，你的情绪难道不受影响吗？”家人常常因此为我担心。“我懂得怎样应对。”我总是笑着回答，因为我知道怎样看待这些事。

精神科医生和心理咨询师们也常常被问起这个问题。长期的负性暗示当然会对人产生不良影响，他们也会有迷茫、困惑、焦虑的时候，经常会产生不良情绪。求助者身上发生的事可能恰好引发他们内心深处某个痛点而使他们反移情。所以，他们也会不定期接受心理督导，处理那些“不良因子”。

我时常感恩生活。我的督导除了我的老师，还有我的作品，当然，还有我的忠实读者们。十年前我学心理学的初衷不是立志当一名心理医生，也不是自己遇到问题需要自救，那时不懂得“助人自助”，仅仅是为了帮助自己写作。

当时的我二十多岁，早已把那点人生阅历和感悟掏得干干净净，甚至有时当读者提及一些人生哲学时，我竟无言以对。我常感觉自己早已山穷水尽，曾经的一汪清水被各种作品吸收殆尽，很快将干涸枯竭。我知道快枯竭的时候最重要的是寻找水源，而不是等待天降甘露。学习心理治疗后，果然一股巨大的水流注入我的池塘，让我顿时充盈起来，仿佛自己的人生又打开了另一个窗口。我的“储材室”内瞬间多了许多贴有“心理学”“心理治疗”标签的食材，我的写作方向也因此做了很大的调整。

取得国家心理咨询师资格后，紧接着我又系统地学习了心理学这门学科。因为生育停笔两年后，我想把这几年所学所想写出来。当时正好有一位编辑从头到尾浏览完我的博客后联系上我，她要把自己的故事讲述给我听。

在一个凉风习习的秋日上午，我应约到出版社见她。她到楼下花园的小亭子中迎接我。我们从未谋面，她待我却像熟识已久的老朋友。几乎没有任何客套、恭维和寒暄，她从口袋中掏出一包纸巾把长凳的一边擦干净，请我坐下。接着又擦了擦另一端，自己坐下，然后直入主题：“我的命运很坎坷……”

我这才开始仔细打量她。一位眉清目秀又满脸沧桑的知识女性。我想，这个女人会有怎样的坎坷命运呢？“可以录音吗？”

我问。

“可以，没有关系，希望我的这些悲惨经历对你的写作有启发。”她并不介意。

空旷的场地中，长凳上躺着一只录音笔。我安安静静地听她叙说了三个多小时。在我面前，她几乎把自己完全敞开，将内心从未告人的秘密、心底最隐秘的感受吐露出来。她是个坚强的女人，无论怎样泣不成声，仍努力保留一丝微笑，哪怕有些勉强。其实这种感受是最难受的，因为泪水不停地往外涌，而她不得不奋力地眨眼、深呼吸、抬头望天挪动眼珠，不让它们倾泻下来。她知道眼泪一旦开闸，自己一定会失控，会痛痛快快地爆发，那样势必会吓到我，吓到路人。

那次与她的对话之所以让我印象深刻，除了一种被深深信任的感动之外，还因为那次对话是我新书内容的开端。经过她同意，她的遭遇被我写到《没有人能伤到你》一书中，她也是该书的责任编辑。后来得知，在我写作和出版这本书时，她已对生活感到绝望！恰好经一位朋友介绍她入了基督教成了一名基督教信徒，现在她每天都会做祷告。要知道她以前是一位自信满满，只信奉自己的女神啊！

以前那些悲惨经历，叙说时她心如刀割，可当我写下那些故事时却发现是那样生动。五年过去了，现在的她早已渡过难关。她不仅常面带笑容，而且神采焕发。她也相信自己是“被选中”的那位，那些痛心遭遇已经变成了她口中的“传奇”，现在叙说时总是掩口而笑，轻松自然的神情与当初判若两人。当拿起我的书时，她大概也已经领悟到，自己的生活早已发生了崭新的变化，换个角度看这些遭遇，它们却是生命中难得的宝贵体验，写作时难得的素材。

悲惨遭遇选中你的同时，一定也给了你一些平常日子里无法获得的力量，以及他人难以体验的特殊感受。失业、受骗、无家可归、重病、死亡，有时候一波未平一波又起。这些都值得你思

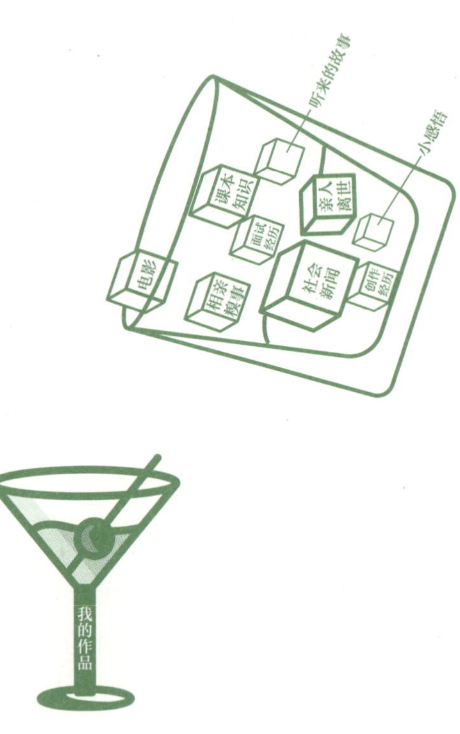

考：发生了什么？你即将如何走过去？生活要如何继续？……这些力量迫使你放慢生活步伐，开始自省，要做些什么你的人生才更有意义。正是它们帮你唤醒内心的坚强，助你不断成长。

有些时候当我遇到麻烦，心烦意乱时，我会告诉自己，如果没有这些经历我怎么知道痛心、焦虑、尴尬的真切感受，我又如何在文章中描述这些感受？我也因此学会了在某些愤怒和悲伤的顶点，及时将自己从事件中抽离出来，刻意感受自己的情绪，从第三者的视角平静地看待某些事。我相信这是很多人难以做到的。

在你的生命中，一定有一些故事是不同寻常，而你又不愿轻易拿出来与人分享的。如果你告诉自己，“它们都是我人生中很好的素材”，你的心态可能会完全不一样。

每到年末我会与朋友们一起做年终总结，大家都各自回想这一年的喜怒哀乐。当然是过得好的人得意，过得不好的人失意，而对我来说，这一年无论发生了什么，是好是坏，都是自己耕种和收获的原材料，都会进入我的“储材室”。所以，作为一名写作者，在这方面我好像更占了便宜。

灵感是个什么东西

writing

“我没灵感，写不出什么东西来！”很多人经常这样对我说，说得好像灵感是某种特异功能似的。

灵感是一种思维状态。就是当你想做一件事情时马上就有了“好主意”，有如神助，知道怎么把它做好。有灵感时，你能淋漓尽致地将文章一气呵成。

然而，不可能每次都有“文章本天成，妙手偶得之”的好事发生在我们身上。这世间，有多少准文学爱好者被“灵感”这件事给耽误了！

不常写作的人常认为灵感是个很神秘的东西。“你每次写文章，怎么会有那么好的灵感？”每当有人这样问我时，我都想反问一句：“你每次吃东西，怎么会有那么好的胃口？”

有时候你明明不想吃东西，可来到餐厅看到令人垂涎欲滴的菜谱后却又忍不住吃了一大堆。“咦，你刚刚不是没胃口吗？”

在我看来，灵感大概也就这么一回事。有时是自己馋了想吃，有时是美味的诱惑力太大。如果你的写作意识强，加上身边的激发因素多，灵感自然会纷至沓来。

灵感到底是怎么产生的呢？很简单，积累加刺激。

当我问："你能写一篇关于'无知之幕'的文章吗？"

"无知之幕？什么是无知之幕？没听说过，不知道。怎么写？有什么可写的？"你可能一头雾水。

"最近看了很多相关报道和新闻，正好有一些想法想要找人探讨，我马上写！"你也可能这样回答，而这就是灵感。

如果你是一位写作新手，要体验一把灵感，最好的方法是为自己选择一个熟悉的领域，以及能激起你思维火花，勾起你内心情感的主题。想想你和朋友聊天时说得最多的内容是什么。

"天啦，最近身边好几个朋友都离婚了，现代人的婚姻到底怎么了？"

"晓雅到英国的签证被拒签过三次，这次总算通过了，真是功夫不负有心人啊！"

"每次想起他，都会隐隐感到心痛，但我仍然愿意把他放在心底……"

——诸如此类的家常话题都有助于你遇见灵感。谈论得最多意味着你最感兴趣，平日里在这方面积累越多，那么你对这类主题的思考就会越深、越久，产生的灵感也会越多。

灵感有时候确实会闪现闪离，它们可能以任意的形式在任何时间和地点来刺激你的大脑思维。你平时要有意识地捕捉它们，将它们抓到你的“储材室”，下次当你需要时可以随时使用它们。

比如，你走在路上随意看到的一句广告语、聊天时朋友不经意说的某句话都可能让你思绪万千，仅仅只是“走神”的几秒钟你都可能会突然想到自己的某段经历、曾结交的某个朋友、悟透的某个道理。几秒后，这个刚刺激你大脑的想法快速散退，消失，就像从未发生过一样。它们其实就是灵感的化身，如果你有意识地将它们拿下，你会变得越来越有“材”。

除此之外，我认为与灵感相关联的另外一个重要因素就是身体状态。生理状况好的时候是写作最佳时期，而当你疲惫乏力（或饥饿、寒冷、疼痛等）的时候，大脑和眼睛会本能地抗拒，让你无法集中精力去做某件事。

每当赶稿时，即使没有任何灵感我也会强迫自己坐在电脑前乖乖地写，往往写着写着就有了感觉。若毫无进展一定是饿得饥肠辘辘，困得眼睛睁不开，或是生理期浑身不适导致注意力没办法集中所致。生理上的强大力量，我们的意志力很难与之抗衡。

可以说，有时候灵感就是好的精气神，如果你总是咳嗽、胃疼、尿频就没办法沉浸在精神高度集中的脑力活动中。写作若经常被打断，灵感当然很难光顾。对我来说，写作最佳时间段是上午睡饱吃好喝足，神清气爽的时候。

你可能会问，早晨起来，强迫睡眼惺忪的自己坐在电脑前，希望守株待兔守来灵感，真能守到吗？

真的能够守到！

我想起每当自己身体不适，胃口不好，不想吃东西的时候，家人就会夹一点辣萝卜、酸豆角、豆腐乳之类的小咸菜坚持喂到我嘴里：“来，吃点开胃菜，胃口就会大开。”写作有时也是这样，先找点儿小感觉，慢慢地也许就胃口大开了。

有时候你会觉得自己江郎才尽，有时候又文思泉涌，这都很正常。把写作当成一种享受生活的方式，慢慢地引导自己。如果写到一半遭遇瓶颈，陷入死胡同，你也可以暂时关掉电脑走出房间，为自己找点“开胃小菜”（激发因素）。

这时，你的感官受到多种刺激，大脑运转加速。你听到的、看到的、感受到的一切都可能激发新的思路。所谓“山重水复疑无路，柳暗花明又一村”嘛！

读到这里，你或许已经明白，所谓灵感，其实就是你平日的积累在身体状态不错的情况下在头脑中突然迸发，让你豁然开朗。至少，我是这样理解的。

啊哈，原来你在这里

writing

十多年前的某一天，我在办公室正为确定选题而犯愁，一会儿翻翻杂志，一会儿看看新闻，希望能找到个好主题让自己在开选题会时脱离苦海。

同事刚好买回一本名为《杂碎》的画册扔在我的办公桌上。那是 SOHO 中国的董事长潘石屹为了配合销售某楼盘出版的一个图册，白色封面上只有简单的两个字——杂碎，线装，厚重。

我随手翻开前几页，一行巨大的白字在彩色竖条纹背景下呈现在眼前——我们正经历这样的时代。图册记录了现代人的不同生活方式，熬夜加班的 IT 白领们、咧嘴大笑迎娶新娘的农民工、聚光灯下眼神冷漠的明星，小资、全球化、偶像、男女关系、堵车……

对啊，我们正经历这样一个快速变迁的时代。

忽然，我觉得那本图册太有意义了！里面记录了一个时代的典型特征。更重要的是，在那一刻，我想到了自己的童年时代！那时的生活和现在相比，简直是天壤之别。我们会因为戴上了红领巾而感到特别自豪，吃一根5分钱的冰棍儿也能高兴很久，放学后会惦记着邻居家那台黑白电视机即将播放的《葫芦娃》，搬着小凳子在学校操场上等待露天电影的播放，拿着自制手枪在山坡上跟男同学们打游击战，因为妈妈用剪刀剪掉我的长辫子而大哭一场……我的思绪已经刹不住车。一瞬间，众多儿时场景在我脑海中快速闪现。二十五岁的我第一次开始“怀旧”了！

逝者如斯！这些年我们的生活发展太快，变化太多了！我顿时有种冲动，要把那些无法从头再来的过往杂碎做个补录。我要告诉和我一样怀念旧时光的人，我们经历过那样一个安定、简单、朴素、含蓄的时代。

当你冥思苦想一个问题仍然无法解决时，突然脑海里闪出一道火光，浮现出一个绝妙的主意，问题迎刃而解，好似“踏破铁鞋无觅处，得来全不费工夫”。这种僵局被打破后的成就感和满足感简直难以言状。

那次顿悟带来了我策划的第一个图书作品。那一天，我努力搜索记忆，并激情澎湃地完成了一本新书的整个策划案，接下来文字写作、相关采访、图片整理以及书稿的排版设置几乎都由我主导完成。几个月后，《70年代人记忆典藏》由高等教育出版社出版，并被多家报刊和网站报道和连载。当时拨动了多少同龄人的心弦，唤醒了多少同龄人心底久违的激情啊！现在这本书已经绝版，很难买到，网络上偶有几本，价格已不菲。

有时候，他人一句有分量的话语、一个不经意的举动或眼神，都有可能让你顿然觉悟。写文章也是如此，无论你是否决定去学，你的参照都在那里；无论你是否能悟到，你的启发源都在那里。往“储材室”放东西只是搜集信息，我们的最终目的是使这些信息在恰当的时候与自己的生活建立联系，解决问题，为生活提供帮助。这也要求我们会加工信息，有能力将外来的东西变成自己的东西。

灵感和感悟都不是凭空而来，它们是在不断思考和尝试的过程中产生的，它们一定是经验积累的结果，它们也依赖于所处的情景。我觉得一个人的成长过程也是其不断“觉悟”的过程。睿智的人们通过思考，将经历化作经验，指导自己的生活，从混沌中觉醒。人生中的很多答案都是在对自己一遍又一遍地叩问、反思中找到的。

更重要的是，你要知道固有的观念、固有的思维方式会阻碍你前进。如果文章无从下笔或陷入僵局，不如先放放，到“储材室”以外的地方多转转或是走出去，开辟一条新的路线，从你的心里一直延伸到很远的前方。

这种体验就像你弄丢了东西后竭尽全力去寻找，越找越急，越急越找不到，因为你的思维已经固化在这几个“可能出现”的地方，注意范围变得狭窄，对其他地方视而不见。过几天，当你不再去找的时候，它自己却神奇地出现在你面前，让你惊喜万分，“啊哈！原来你在这里！”并不是它真的突然出现，而是你的思维发散了！

现在想想：是否有某件事曾让你恍然大悟？是否曾有某句话让你醍醐灌顶，是否曾有某篇文章让你眼前一亮？你是否有举一反三、触类旁通的能力？是否有归纳总结、去伪存真的能力？

利用自己的寂寞时光

writing

善于思考和写作的人，生活中大多不会有无聊感。你只要给他一支笔，他就知道笔下会发生什么。即使没有笔，他也会在大脑中构思，在厨房清洗蔬菜的时候，在树荫下瞭望天空的时候，在咖啡厅等人的时候，走在回家路上的时候……

如果你已尝试写作，不如利用自己平时的寂寞时光，多一些思考，为写作做些深层次的准备。

• 比如，平时给自己留出一定的思考时间

人们通过思考升华自己的所见所感，使之达到思想和精神的高度。平日里，你有没有专门留出时间和空间思考你接收的外部信息，思考自己当前面临的问题？还是你每天太忙碌根本没时间思考？

很多人终日忙碌，很少深入分析自己的经验，认真考虑别人的意见，或是评估自己的决定对今后生活的影响。但是再忙也有必要留出思考的时间，因为思考一小时的收获可能胜过一周的忙碌，甚至可能解开困扰你一生的谜团。

你可以尝试着屏蔽所有外在信息，找一个不被打扰的时间，沏上一壶茶安安静静地待着，或是独自围着小花园慢慢行走，想那些需要想的问题。“要不要给她发信息？”“中午吃点什么？”“怎样才能把这件事快速做完再去看电影？”这些小问题算不上真正的思考。你需要多思考的是最近遇到的人和事，自己的成长轨迹，自己与他人或社会的关系，自己的未来发展等这些大问题。

当然，思考也常常由浅入深。比如你自认为对工作已经尽力，可老板仍对你不满意，导致你心情沮丧，你首先要思考的是：明天怎么应付老板？如何在痛苦中坚持把工作完成？然后要思考：自己是否真的适合这份工作？为什么？如果不喜欢为什么还没有离开？你近期的目标是什么？你在追求什么？你想过一种怎样的生活？现在的你能为未来理想生活做点什么？

有意识地深入每一个你思考的问题，在这个过程中收集自己的困惑，处理自己的内心感受和想法。

• 比如，用心阅读几本书

有的人常让我推荐书给他，可一说到看书，就总没时间。后来我才知道，他们的快感来源于收集书单，而不是阅读本身。也有的人看书很多，但他们并不是看书，而是在“集邮”。

“老师，你一年读多少本书？”有一位男生问我。

我反问他读多少。

“我一年才读一百多本。”表面的谦虚完全无法掩盖他内心的得意。我每次打开读者群几乎都能看到他在闲聊，而且从他的言谈中我感觉不到他是个“渊博”之人。

阅读不在于数量，而在于领悟。对有的人来说可能一本书就足以点燃他的智慧之灯，而对有的人来说也许一万本都不够用。这主要取决于你选择了什么书，以及你是怎样读的。一年读一百本书太多，不如停下来就挑几本书扎扎实实慢慢读，收获反而会更多。

我是写书的人，相对于“我看过你的书”，我更喜欢听别人说“我读过你的书”。读书不同于看书，它更加严肃和正式，有好好品读之意，用一定的读书方法，对书中内容进行思考，并产生自己的见解。比如，我读他人的作品就会去揣摩文章的创作背景，推测作者的人格特征，并了解其个人经历，对书中内容不敢苟同的地方总忍不住要找人一起讨论。而看书就随意多了。看过，大多指的是知道了这本书的内容，简单地翻翻也叫看过。

我把自己的阅读分为两种：自由阅读和功利阅读。大多数闲暇时间我会自由阅读，即不抱任何功利目的地阅读，对收获没有预期。阅读进入自然状态，会有意想不到的收获，它常常在不经意间激发出我的一些感悟。而有些时候我会进行一些“功利阅读”，就是带着明确目的地对某一类型的书进行阅读。阅读之前我就知道自己需要什么，并预期从中得到什么，阅读时聚焦于我想要的部分，或读思想理论，或读技术方法。目标越明确，收获就越具体和切实。

有时细细品读一本书，沉浸于其中，你的收获并不亚于新交了一位良师益友。对于写作来说，读书是最佳的信息输入途径。或许你会说：“我虽然没看书，但是我每天都在浏览新闻，我懂得一点也不少！”事实是，浏览新闻与看书带给你的感受和收获可能完全不一样，一个是简单的快餐，一个是饕餮盛宴。

• 比如，找到自己的交流群体

你有没有与那些你认为有较高洞察力、有智慧的朋友定期或不定期交流思想？

闲来无事时多和朋友喝喝茶、聊聊天，但不要总聊那些八卦，谁家小猫小狗弄丢了，哪个明星最近又离婚了，谁又被老板开除了……闲聊是种很好的减压方式，而且有助你建立人际关系，但对一个人自我提升的帮助却非常有限。其实，你可以约上三五好友，进行一场安全又有深度的交流。

有深度的聊天是最好的思维练习。他人的思想能为你提供很多重要信息，能开阔你的视野，发散你的思维。与不同层次的人交流会让你对人生进行不同层次的思考，当然，也会让你写出不同层次的文章。每个人的思想有局限，因为学识、阅历、所处环境等因素，你的想法有时可能是片面、不合理的，此时借用别人的力量打破自身的局限是很重要的。

与有思想高度的人聊天会让你受益匪浅，但前提是不要带着抗拒或排斥的心理去交流，你可以争辩但不要让自己患上雄辩症，站在对方的角度尝试理解对方的每一句话、每一种感受，你才能全面、客观地了解和体会一些事物，学到一些东西。

我很喜欢和朋友们聊理想、聊人生、聊情感，真实地探讨生命和人性，讨论事物的本质。朋友们看待世界的角度有时候与我的截然不同，有时让我不敢苟同，有时又让我茅塞顿开。

当然，你也可以和朋友们围个圆圈讲各自的故事。大家一旦讲起故事，或欢乐，或悲伤，或智慧，你都会听得如痴如醉。稍后当你独处时，你可以慢慢回味这些听来的故事，并写下它们，以及你自己的所想所悟。

要注意的是，交流不要仅依赖手机和网络，主动拜访朋友，面对面的语言交流会让你收获的故事更多、更生动，同时也更能加深朋友之间的感情。

在模仿中形成自己的风格

writing

很多人说自己“不会写”而不愿意动笔写。我一直深信“我不会”三个字的内在含义其实是“我不想”。真正想做某件事的人一定会想办法去把它做成。如果你非要说“我就是不会”，那么请看别人是如何做的。

模仿是一种重要的学习能力。几个月大的婴儿生来并不会说话，但他每天都生活在有说话声的环境中，从张开嘴试图学习发出的第一个音节开始，边听边说，在听与说中学会发音，并逐渐理解语言的含义，久而久之便学会了使用语言。

有一次，我问“心灵写作”小组的朋友：“现在我想请你们写一篇读书评论，可能你们从来没写过，会怎么办？”

“百度一下呗！”有朋友脱口而出。

在资源大量共享的今天，网络给我们提供了很多有用信息，但同时也让很多人变得越来越懒惰，越来越不爱动脑筋。“天下文章一大抄嘛！抄来抄去，别人的东西就变成了自己的。”这句话有道理，可如果只是机械地照搬，即使抄千遍万遍，别人的永远都成不了自己的。

抄袭是偷窃，是直接把别人的作品据为己有，或把别人的作品改头换面后据为己有。但模仿就不一样了。模仿是一种重要的学习方式，是为了创造和超越。参照他人作品的时候用心琢磨，你才能举一反三，形成新的思路，创造出自己的新成果。

不会写的时候就多阅读别人的文章吧。你常看的文章就像你常接触的人一样，会在不知不觉中影响到你。当你和好朋友在一起时间长了，你会无意识地模仿他的口头禅、他的动作和习惯，即使有些是你不接受甚至反感的，你仍然会无意识地模仿。

我身上经常发生一些有意思的事情。比如有一些我认为非常难听的网络歌曲经常在大街小巷高频率地单曲循环播放，无论我想不想听，它们都会钻进我的耳朵，再抗拒也没用。有一天我在房间拖地时，居然无意将一首我最反感的“口水歌”饱含深情地哼了出来。先生听到后惊呆了，好奇地问我：“咦，这首歌不是让你最为不齿的吗？”我自己也大吃一惊，然后我们就笑得前仰后合。不得不说连续高强度地输入，最终让我产生了无意识的输出，这大概算“潜移默化”最典型的例子吧。

当下笔没头绪的时候可以去搜索，别人的文章能给你启发。参考时，你可能会发出这样的感叹：“啊，原来文章结构可以这样设定！”“他的开头太有趣了，我也可以用这种方式起笔！”“评论文确实要有这几个因素才完整。”“这个结尾好像有点仓促，我不会那样处理！”这就是参照的正面效应。

厨艺菜鸟要做一顿丰盛大餐，当然可以模仿厨艺高手们的食材选择、搭配规律以及烹饪技巧等。慢慢地，自己就会在现有基础上琢磨出更具个人独特风格的美食来。

当有了写作动机，你很快会寻到合适的模仿对象。其中有的故事曲折离奇，让你欲罢不能；有的文字唯美，让你内心有如小鹿乱撞；有的思维缜密，让你五体投地……通过这些文字，你能感受到文字背后的作者或风趣幽默，或桀骜不驯，或忧郁伤感，或多谋善虑。他就是你最可能成为或超越的人。

当你带着学习的心态去阅读一篇文章或一本书时，你会好奇：作者为何要花两页纸的篇幅去描述一间简陋的屋子？明明不存在的事物作者何以描述得栩栩如生？那些隐晦难懂的语句作者究竟要表达什么？作者怎么可以如此大胆干脆地描述男女之性爱？结尾戛然而止，是作者草草收场还是故意为之？

站在读者的角度阅读一本书时，你在享受作品，而当你的角色由读者变成作者时，你才会有意识地去思考这些问题，而这些问题随即都会有答案。

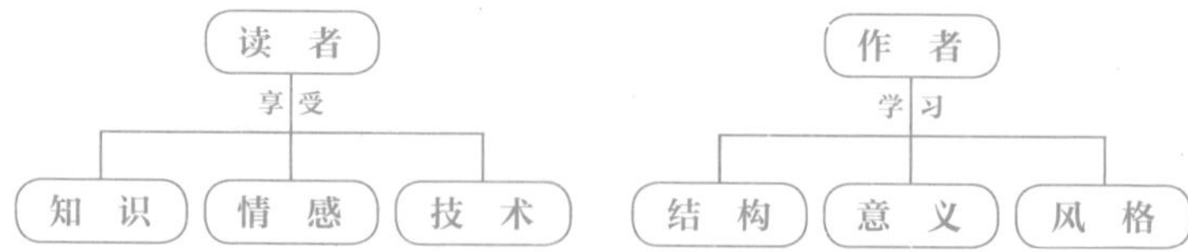

毋庸置疑，你所模仿的对象对你的影响必然很大。如果你喜欢村上春树的作品，你将来写出的文章大多也会安静悠远又充满奇幻色彩，因为你一直都被这种风格熏陶着，早已沉浸其中，无法逃避，尤其是当你乐在其中时。

在模仿过程中，你会逐渐形成自己的风格，自然流露出来的风格就是最适合你的。每个人都有自己的特性，这与一个人的性格、喜好、成长背景等有很大的关系。你用不着刻意去模仿自己并不擅长或与你性格不相符的风格。如果那样，给人的感觉就好像一个一向严肃拘谨的人有一天突然说了个黄色笑话，他只是想活跃气氛而已，而听的人却觉得很别扭，甚至像吞进了一只苍蝇，觉得恶心。

所谓文如其人，跟随自己的内心和笔调就好。慢慢地，你独有的风格会越来越清晰，或温暖，或犀利，或幽默，或婉约，或豪放，那才是你自己！

下里巴人与阳春白雪会有同样的生活感受，

他们之间只是相差一个表述水平而已。

真正的心灵鸡汤会滋补心灵，

让人受益，

否则你可能喝了一碗假鸡汤。

因为此时此情此景才有了此文，

世间万事万物都只是相对而言。

第三部分

笔未动，思已远

笔未动，思已远

writing

从儿时开始涂鸦直到现在以文字为生，我似乎从未停止过写作。这多亏了母亲对我的熏陶和要求。她曾给我哪些基本训练我已记不清，但有一项让我受益颇多而不得不说——打腹稿。

母亲从不逼迫我端坐桌前拿起笔马上就把一页纸写满，也不会因为我下笔迟缓而着急催促。

“你可以躺在床上想一想，想好了再写。”她总会耐心地告诉我。很多次夜里洗漱完毕，在床上躺在她怀中时，她都会引导我去想一些问题。我也非常乐意用这种“懒办法”解决我学生时代的作文苦恼。

她总会说：“先想清楚你要写什么内容，把要写的话在心里对自己说一遍，这样写起来就胸有成竹了。”磨刀不误砍柴工也是这个道理。无论哪种写作，思考总是第一步。

现在，我经常把一些待写主题留在夜里来打腹稿。夜深人静的时候确实会莫名地冒出许多新的想法，感觉能量不断往上涌。每当完美地想到一些内容，我便兴奋不已，然后就满足地睡去。待到第二天，再把这些“好主意”拿出来思考和运用。

白天我们的大脑不断接受外界刺激，并做出各种应对反应，惦记的事情太多，处于一种紧张防御状态；夜晚我们在一个相对私密的空间里，外界信息刺激减少，大脑有足够的时间开始处理自己的感受，并且我们在晚上休息时少了白天的紧迫感，所以大脑更放松，思想更随意和大胆。

当然，这个方法并非适用于所有人，比如对有些贪睡的人来说，躺在床上思考绝不是个好主意，而对于入睡困难的人来说，打腹稿也只会加重他们的失眠问题。如果你没有这方面的顾忌，那么你的文字就可以从腹稿开始。

开始之前，务必明确任务，也就是确定你要思考的主题是什么，越具体越好，这样才能有的放矢，否则思维容易跑远，而你在床上辗转反侧毫无进展。比如堂妹对我说：“好朋友的母亲去世了，我不知道怎样安慰她。”我要写一篇关于“安慰”的文章，或是考虑第二天要跟她说点什么。

睡前，我就可以安安静静地开动思维之船了。先找到主题关键词“安慰”，再围绕它无拘无束地思考，可以是自己经历过的某件事，可以是自己悟出来的一句话，可以是想到的某个相关小故事，也可以是由这个问题引发出的其他更多的内容……

有时候当你想到一个值得写的内容，你会瞬间成就感爆棚，非常有感觉，可过一会儿你又会突然莫名其妙地对它产生怀疑：“这个真的值得写吗？”“这太荒谬了吧！”很正常！你只管继续想下去就行，想到的东西越多越好。

当思考有了结果，你的目的达到了。现在你需要马上从床上爬起来将它们写下来，否则一觉醒来可能全部都忘掉了。

此刻你若懒得起身，我也有一个好办法送给你——简单地总结，整理收纳它们，即把你刚才想到的这些有用信息尽量简化成关键词，并将它们编上号再放进脑海里。这样提取的时候会更便捷，不易遗漏。比如：

第一点，我努力回忆自己难过时的感受，认为“有时他人默默地陪伴比安慰的话语更重要”。

第二点，我想起高中时发生的一件事。当时同桌的爷爷去世令她非常难过。她从小跟着爷爷长大，爷爷是最疼爱她的人，所以爷爷的离开对她打击很大，她曾郁郁寡欢了很长时间。为了安慰她，我居然说了句让我至今想起都无地自容的话：“别不开心了，没多大事！”这种没有感情的、故作轻松的安慰，其实是一种伤害。

第三点，我想到要写下关于“共情”的重要性。想象自己置身于对方的处境，体会对方的感受，并感同身受，而不是想当然地安慰别人。

再次归纳总结一次，提炼出关键词：第一个是“陪伴”，第二个是“故事”，第三个是“共情”。

这样一来，线索就很清晰了，即使遗忘了具体信息，只要回忆起被编码的三个关键词，就能很容易想起其他相关内容，然后你就可以“添油加醋”地在纸上飞奔了。

找到自己的声音

writing

写作前的深思可能激起我们很多新的想法，重要的是——我们自己的想法。

有些人虽然写了很多文章，这些文章主题鲜明，框架合理，素材新颖，但他们总是在传播别人的观点，很少发出自己的声音。我以前写作文就是这样。老师会叮嘱我们准备一个小笔记本用来摘录名人名言、名人小故事。小的摘抄本是学生们重要的写作素材来源。它的存在确实增加了文章的含金量。很多名言抄着抄着，就变成了心中默认的真理。

“爱迪生说过……”“牛顿小时候……”我们写起作文来理直气壮，却没有意识到很多时候自己的思维广度也因此受到了限制。

也许因为受中国式传统教育的影响太深，也许因为学识与阅历太浅而心底缺乏一份自信，我以前写的一些文章中也很难找到自己的声音。我会认真拜读并参考某些权威人士的观点以及他们的文章和书籍，认为顺着他们的思路去思考，总是有道理的，很少去探索自己的精神世界。

当最初发现在同一个领域不同流派的学者们会有截然不同的观点，甚至相互诋毁时，我迷茫了。“啊？原来还会这样！他们谁对谁错？我到底该信谁？”值得庆幸的是，我在迷茫中有了自己的想法——相信自己的判断，形成自己的观点，得出自己的结论。

随着学识和阅历的增加，我终于意识到那些名人、权威不过是在某方面取得了成就而被众人熟识和崇拜，他们所说的话未必都是真理，因为他们也有自身的局限性。就像如今很多学生看了我的书也会对我崇敬，其实我不过比他们年长几岁，阅历多一点而已。

当思维冲破多年来的牢笼，我顿感无比自由和欣喜。我告诉自己，他人说过什么其实并不重要，重要的是我想说什么，我有怎样的体会，因为这是我的作品，这里是我的舞台，不必把舞台的中心让给别人。

以前认为与真理同行的必定是谬论，后来发现与真理同行的还有其他更多的真理，而我，也可以是发现“真理”的那个人。我找到了自己的声音，变得更自信，甚至高傲起来，连说话的声音都大了许多。

我像一只初生的牛犊。我手写我心，大胆地写，在某些方面形成自己的思想体系。我惊喜地发现，我的文字并没有遭到多少质疑，反而开始积聚众多追捧者。当读者们纷纷对我表示感谢时，我真正看到了自己的价值。

写作逐渐帮我打破了思维局限，获得心灵自由，我越来越关注自我感受——这也是我心灵成长中最大的收获。后来，当有稿件被编辑通知因为怕引起非议而要被删减的时候，我第一次有了心痛的感觉，就像当我努力要把自己的声音传递出去时却被人捂住了嘴巴，一种被阻断的压抑感油然而生。我因此常常和编辑们争辩，生气。或许我的分量还不够，我的声音还不足以承受那些可能引起的非议，我不得不做出一些妥协。

有意思的是，当我懂得越多，看得越清的时候，我却陷入了一个窘境——我逐渐变得谨慎起来，担心因自己的思维局限误导他人。因为我要为自己的声音负责。

我开始喜欢和他人深度交流，耐心地听读者们给我讲长篇大论的故事和反馈，跟着专业人士走进以前从未涉及的领域，不断向他人请教，探讨案例，交流想法，因为我希望我的声音不仅动听，而且充满力量。

发现即时信息的欺骗性

writing

互联网时代，我们离真相越来越近，看到的假象也越来越多。你是否想过，每天输入你大脑的信息哪些是可信的，哪些又是虚假的？你到底看到了什么，听到了什么？它们对你会产生怎样的影响？

如果让虚假信息轻易进入你的“储材室”，或是你在后期加工时得出错误的结论，那么，你优秀的笔头将在不负责任的道路上越走越远。

你接收到的信息，从何而来？你的朋友、你的对立方面、你自己的所见所闻，还是大众媒体？每个信息发出者都带有自己的目的和立场。这些会影响你对整个事物的判断，即使你自己所见所闻也未必是真实的。

从素材中辨别真伪好坏是写作者对自己和他人负责任的最基本要求。你获得的即时信息有时有很大的欺骗性。比如，闺蜜跟你说起她的伤心故事，她哭诉男朋友的种种错：“他对我太冷淡，他都有很久不跟我说话了。”她一定不会告诉你，她吵架时破口大骂，把对方伤得体无完肤，更不会告诉你是她自己劈腿在先。看着泣不成声的她，你会愤愤不平地帮着诅咒那个冷漠无情的男生吗?

很多时候，你看到的只是你想看到（或他人想让你看到）的事，你相信的只是你愿意相信的事，所以，你认为自己掌握的真相并不一定是真相。你会基于自己的立场有意识或无意识地做一些篡改，而这些小动作你自己甚至很难发现。这个世界，所谓的事实不过是“主观的事实”。

• 不要忽略辨别真伪的步骤

很多时候我们都被媒体玩弄于股掌，特别是自媒体发达的今天，信息的可信度值得推敲。

网上常有很多点击率高的信息被人不假思索地转发和评论。人云亦云的事情太多，比如某贫困地区捐赠衣物、捐赠钱财，某所学校老师体罚孩子，国家又出现了劳民伤财的事情……当看到值得同情的事，人们恨不得马上把自己一颗热心奉献出去，当看到令人发指的事，又恨不得马上把罪魁祸首送上断头台。情绪来得太快，完全没想过要“甄别真伪”这回事。

虽然现代社会言论自由，但这并不意味着可以随心所欲不负责任地评说。有的个人为了博人眼球，或为了彰显个性，观点过于极端，语不惊人死不休；有的媒体也把人们玩弄于股掌之间，他们曝光的永远是他们想让你看到的，而大多数人都是被动接受，因为被动接受最符合省力原则——不用动脑筋思考。媒体的目的达到了，人们却被牵着鼻子走了一圈。

对一些现象妄下结论也是一件很可怕的事情，因为“结论”意味着你对某件事已定性，或是将该事件“绝对化”了，也意味着在你心里贴上了某个标签。这些标签会让你的思想越来越狭隘。所以，下次当你下结论之前，请提醒自己是否为时尚早。全面地了解相关资讯，弄清楚信息传播者的立场和目的，并保持批判性思维很有必要。

• 区分事实与主观感受或观点

事实和主观感受或观点常被人混淆。在接收外界信息的时候，你有必要弄清楚什么是事实，什么是主观感受或观点。事实是可以证明真伪的，而观点却无法一一放在理性的根据上加以检验。比如有人说“刮起了大风”，也有人说“刮着邪恶的风”，前者是事实，后者是主观感受；有人说“今天下雨了”，也有人说“雨天没有晴天好”，前者是事实，后者是观点。

表达者依据自己的立场、目的或心境等对事物进行的表达会千差万别。表达同样一件事，你和我的讲述方式不一样，内容侧重点不一样，对他人形成的影响也会不一样，所以接收者需要有思辨能力，从各种信息中辨别那些伪装成事实的观点，分析表达者背后的动机。

有这样一个笑话：一位农夫回家后坐在前廊下休息。突然，他六岁的儿子从谷仓那边跑过来对他说："爸爸，我们雇来的那个人现在跟大姐鬼鬼祟祟地坐在草棚里。那个男人狠狠地把大姐拉到怀里，我觉得他们可能要打架。""好了，儿子，"农夫平静地说，"你看到的都是事实，不过你的看法也许是错误的。"

事实只有一个，而主观感受或观点却有无数个。现在，你可以想想，在读文章或听他人说话的时候，你看到或听到的是事实，还是表达者的主观感受和观点？在写文章时，你写下的是事实，还是自己的主观感受？

• 弄清楚什么是大概率事件

很多时候，当我讨论某个群体的普遍特性时，总有人会兴致勃勃地反驳。比如我说"父母都是疼爱孩子的"，有人就会马上反驳："切——谁说父母都是疼爱孩子的！好多新闻都报道过父母虐待儿童，还有一位妈妈为了跟情人约会，竟然把亲生骨肉给卖了！"每次面对这样的雄辩症患者，一方面我会检讨自己说话不严谨，另一方面我也会提醒他们，我说的是生活中的大概率事件。

我有位女读者被一件事困扰了很久，特意找我聊天。她说，最近她有一个去马来西亚参加本行业国际会议的机会，她非常想去，但很纠结。这听起来怪怪的。她说这次会议将对她以后的工作很有帮助，自己也有时间参加。那她的困扰是什么？我很好奇。

原来三十岁的她从未单独出过远门，更别说出国了。这次机会带给她的焦虑远远多过欣喜。她担心自己一个人在国外遭到什么不测。首先，坐飞机就是不安全的，飞机有可能坠毁，因为2014年马航飞机坠毁事件对她影响很大。其次，她说下飞机后需要自己买大巴票去另一处的酒店，最担心的是在吉隆坡机场被人盯上后遭坏人绑架，因为近期中国女留学生在美国失踪案让她想想就觉得可怕。她感到社会动荡不安，想到要一个人远赴国际会议就害怕。

我告诉她，虽然新闻里每天都有死亡、灾难事件发生，但如果是每天司空见惯的事，那就不会上新闻了。外出到底安全还是不安全谁也不能给她打包票，因为什么事情都有可能发生，但这些她担心的毕竟是小概率事件，大部分人在国外的经历还是比较安全的。

世界上没有绝对的事情，很多事情可以用概率来推断它的可能性。概率是对随机事件发生的可能性的度量。比如，有的人第一次买彩票就中了大奖，我们并不能因此推断出中奖是一件很容易的事，毕竟这种情况很少。

• 理解不在自己认知范围的事

一位做生意的男士说自己“看不起那些拿着笔记本在咖啡厅装模作样写东西的人”。他认为那些人在“装”。听他这样说我感到非常诧异。我认为这是他自己的内心投射。这难道不是一种很平常的生活方式吗？或许人就是这样，很多喝二锅头的人看不上喝咖啡的人，喝咖啡的人亦是看不上喝二锅头的人。对于自己不接受的生活方式，就不理解，这恰恰是自身的局限。

很多人认为一切不在自己认知范围内的事都是不合理、不应该存在的。父母晚年要离婚、朋友的小孩是同性恋、你最信任的人出轨……你不理解，不接受，进而愤怒，或是敌对。

你要明白，有些事只是你不理解而已，并不意味着它的存在就不合理。理解与接受从来都是两回事。当你对一些事认识不够时当然不能理解。一个人不能理解的事越多，表明这个人越无知。不要用自己不接受去否定别人，不接受可能只是你自己的认知水平问题。

对人和事的理解是一回事，接纳与否是另一回事，喜欢与否又是另一回事。倘若你在文章中要塑造一个“官二代”形象，却对他们的言行举止不理解；倘若你要评论一个罪犯，却对他痛心疾首；倘若你需要描写一种乡村情怀，却瞧不起乡下人……处处是局限，你也可以停笔了。

不是每道题都有标准答案

writing

有一次，我在“心灵写作”小组发起了一个关于权威服从的两难问题讨论，希望听听大家的看法。

“假如你是一名护士。一天夜里只有你一个人在值班。有个病人突然病危。于是，你打电话向医生求助。医生让你马上给病人注射一种药 20 毫克，并强调是 20 毫克，否则病人可能会性命不保。当你到药剂室取出那种药时，却发现药剂标签上清清楚楚地写着常规用量为 10 毫克，否则也可能会造成生命危险。根据你的经验这种药也是慎用药，你平时用量从未超过 10 毫克。当你再次给医生打电话时却联系不上。在这种紧急的情况下，你会怎么做？听医生的注射 20 毫克，还是根据自己的经验以及说明标准注射 10 毫克？”

我问：“如果你们是这位护士，会怎么做？”

“我会听医生的……”

“我觉得我会按自己的经验去做……”

“我会按标签上的说明来操作……”

很快，大家都给出了自己的选项。

接着，他们开始找我要正确答案：“到底应该选什么？”“正确答案呢？”“我选择听医生的，说明什么？”仿佛只有找到标准答案，才能衡量自己的决策是否正确。

“答案是什么并不重要，享受选择和讨论的过程更有乐趣和意义。”我说。我的目的并不是要测试什么，事实上这个问题也并没有所谓的标准答案。

这时，有人发出“哦”的声音，显然有些失望。我十分喜欢大家在一起就某个问题讨论的氛围，各种思维不断碰撞，每个人都说出自己的看法，集思广益。

我让大家继续讨论下去。

“我是专业的护士，医生也是专业的医生，既然已经把情况说清楚了，找医生就是要救命，医生已经给了救命的办法，就要抓紧时间救病人的命！”

“护士再专业也不能给病人开方子啊！”

“工作中就要学会变通，变通和坚持原则是两个概念。”

“那打电话给其他同专业的医生吧，如果其他医生的意见和我的一样就选这个，如果和前医生一致，最好。”

“我还是倾向于遵守说明书。厂家推出每种药品之前必定是经过无数次严谨的实验才给出的使用剂量标准。”

“那也不一定。说明书上的剂量标准是参考标准，最终以医生的判断为准。所以很多药品说明上写‘或遵医嘱’。”

“但是，有些特殊药品，如果使用剂量不对会要命的啊！”

“对，还是遵医嘱！”

“但是，情况紧急，性命攸关。如果是医生弄错了呢！如果因为错误的医嘱让病人丢了命，而我又发现了这个错误，那我会愧疚一辈子！”

“我只是一名护士……”

“护士也有救死扶伤的责任……”

大家你一言我一语，都为了救人，都合情合理，只是因为每个人对一些事的理解不同而持不同的观点。讨论进行了一个多小时，大家仍无法统一思想，但都认为这种问题极大地扩展了自己的思维方式，从中收获颇丰。

这不是一道“心理测试”，所以没有答案可参考。很多人遇到问题急于用“标准答案”来判定自己的对与错。比如，选 A 说明你是一个积极的人，选 B 说明你是一个消极的人。然而，生活不是一门严谨的学科，很多事没有绝对的对错标准，况且出题者未必就是恰当的评判员。所以，不用执着于追求标准答案，所有的答案都仅供参考而已。

我们每天都可能遇到难以抉择的情况，并非所有的问题都能找到“最好”的解决办法。人们思维方式的差异一定会带来解决问题的差异。很多时候，当我们身处某种情景中，很难判定哪种选择是最合适的、最能给你带来积极结果的，唯有结果出现了我们才能断定这种选择意味着什么。

如果初衷是好的，你的每种选择都有道理，很多时候无所谓“选对”或“选错”之说。正如有位想生二胎但总怀不上的朋友非常懊悔当初的选择：“如果当时不去进修，现在都有两个孩子了……”我马上打住她：“没有如果！”每个选择都是你当时最好的智慧体现。

菩提就在寻常事物中

writing

你可能从来没想过两件风马牛不相及的事物之间会有什么关联。天晴了有人在晒被子，与我为了腾出时间去旅游而深夜伏案写稿有什么关系呢？生活中很多事情其实都有相同之理。情况不同，道理相通，这是一个很有趣的现象。

我出版过一本书叫《一位兼职主妇的生活哲学》。在书中，我把一位独立自信的“兼职主妇”洗衣做饭、收拾房间等一件件鸡毛蒜皮的小事放大，然后提炼出里面的“道理”进行叙述，最后升华到人生哲学。

很早以前当我阅读他人作品时，常对其中一些金玉良言赞不绝口：“啧啧，作者写得太有水平了！”“这文章太高深了，真厉害！”慢慢地，我发现，“哲理”并不是哲学家们的专利，我们每个人都有一套自己的生活哲学，都可能对某些事物有自己独特的理解。即使是从未读过书，从未出过门，天天围着丈夫孩子转的村妇，她们也一定有自己的生活感受，也能总结出人生中的一些至理名言，看看倪萍的《姥姥语录》就知道了。

佛家说："一花一世界，一树一菩提"。菩提就在寻常事物中，就在平常人心中。下里巴人与阳春白雪会有同样的生活感受，他们之间只是相差一个表述水平而已。

如果你是一位家庭主妇，你会发现当你收拾完房间后，家里显得格外清爽，取物也更加方便。顺便联想一下：收拾心情就如同收拾家务一样，由杂乱变得整洁，内心也会由烦躁变得平静。生活需要不断地归纳整理，否则就会乱成一团麻；有时心情也容易"藏污纳垢"，需要不断自省与总结，否则会变成垃圾场。

当熬粥的时候，你会发现由于时间不够熬出的粥不够浓稠香美。我们生活中很多事不也需要用时间去积累吗？正如学习一门技艺，长时间练习才会更加熟练；正如经营一段婚姻，感情慢慢升温才会长久。

当清洗厨房的时候，你会发现平时勤于清洗的地方只要稍加打理就很干净，而因为偷懒没清洗的重油区积聚的厚厚的油块却很难去掉。我们工作中很多事不也如此吗？事情越积越多，越多越懒得去做。懒惰和拖延只会让情况更糟。你现在懒得处理的问题，有一天迟早要去面对，那时你可能要花更多的时间和精力去应对。

现在，你发现了吗？几乎每件小事都蕴含着一个人对生活的理解。试着想想，你经历过的那些人和事，你都有什么样的感悟？它们之间有怎样的关联？其中哪些小事你可以将其放大？哪些大事你又可以将其缩小？

人生的道理谁都会说，但真正对自己有用的道理不是别人说出来的，而是自己体会出来的。年少时，长辈和老师们的谆谆教导常让你厌烦，因为那些苍白无力的话语与你几乎没有什么生活上的联结，唯有经历一些事，读懂一些人之后你才会大彻大悟，才明白那些忠告里包含的真切含义。

如果我对你说“有志者事竟成”，你会觉得这话太老土了，听起来完全没感觉，但如果你不断努力，坚持不懈终于达到某个目标后，你会自然而然地领悟到，意志力和能力对你有多重要。当你再听到这句话时，会对它感慨万分。只有当你真正懂得这些，你的文字才会真实而深刻地传递出你的心声。

经常做一些思考练习，寻找事物之间的联系，试图总结出你体会出来的“道理”，你的思维会比以往更活跃，你看人看事的眼光会比以往更通透。当然，这也意味着你会有更多意外的收获。

比如下面两个问题，结合自己的经历，你想到了什么？请将它们在20分钟内写下来。

1. 登山的时候，为什么大家爬到山顶后会欢呼雀跃？

2. 跟朋友们一起拍照时，通常什么人站在中间位置？你站在哪里？

我请“心灵写作”小组的朋友做了思考，他们的反馈是：

• 问题 1

A 说：登山时大家爬到山顶会欢呼，是因为此刻自己站在一个制高点上，心情瞬间豁然开朗。自己艰难地一步步地从低处爬向高处，每走一步都付出了汗水。从下向上看时心中那种仰望的恐惧感消失了，取而代之的是一种从上往下看的征服感和成就感，人们为自己能俯视大地而欢呼。

B 说：从山脚登上顶点是完成一件事的过程。当你开始往上爬的时候，你的目标就是到达山顶。到达山顶后，目标就达成了。人们获得了“看到全景”后的好奇感和满足感，有种“会当凌绝顶，一览众山小”的豪情，所以为自己的“圆满完成”而感动，也为意外发现的美景而欢呼。

• 问题 2

C 说：其实我不喜欢拍照。几个人合影的时候，一般重要人物站在中间。我会站在靠边的位置，因为我不太喜欢引人关注，而且我一直都这样。和好朋友拍照时我也很少站中间，就像上大学的时候，我听课的座位永远在后面，希望自己不被老师发现才好。我不喜欢成为别人关注的焦点，那样我会很不自在，也许我的位置就应该属于某个角落。反正，站在哪里舒服就站在哪里吧！

D说：我刚进公司时和同事合影总是站在旁边，因为资历不够，显眼的位置当然要留给领导或公司红人。现在我是部门主管，每次合影都被部门同事们推到中间，他们簇拥着我，算是对我的尊重或恭维吧。拍照时的位置并不是按身高和长相，而是以地位和影响力来排。当你有了影响力，即使不是主角，不想站中间，都有人拉着你站，这就是现实。

除此之外，你还可以观察生活中的现象，试着做一些相关的联想练习。对于下面的每一项词语，用自由联想，将它们与你生活中的某件事或经历联系起来，然后用一段话做出说明。

- 甜点：____________________
- 蜗牛：____________________
- 灰尘：____________________
- 落叶：____________________
- 自由：____________________
- 怀疑：____________________
- 离：____________________
- 抓：____________________

（当你做完这些练习后，欢迎发邮件与我进一步探讨。）

福至心灵的养身鸡汤

writing

在自由阅读的时候，我喜欢那些温暖、柔软又充满力量的文字。我也希望自己的文字不仅能唤起读者内心某种情感，抚慰他们的心灵，同时也能让人有所思考，对生活有所帮助。

人不只胃肠有饥渴感，心灵也要给养，于是就有了“心灵鸡汤”。迷茫、颓废和无助的时候，你总需要一些精神支撑让你获得重张旗鼓的信心，让脆弱的心灵获得足够的能量补充。

然而，不知什么时候“心灵鸡汤”成了贬义词。很多人力图与其划清界限，生怕自己被看成“喝鸡汤的脑残族”。我有一位朋友曾一脸鄙夷地说：“心灵鸡汤有毒，只会侵蚀和麻痹人的心灵，让人沉浸于其中，远离现实，不思进取。那些没主见、没智慧、没上进心的人就靠心灵鸡汤抚慰心灵，安逸度日了。”

无论怎样，我坚信能被称为“心灵鸡汤”的文字，都是一种语言治疗艺术。真正的心灵鸡汤会滋补心灵，让人受益，否则你可能喝了一碗假鸡汤。我很早以前通过一些刊物喝了许多国外的鸡汤，其中印象最深的一碗是《母亲的账单》：

小彼得每天帮妈妈做事，他希望从妈妈那里索取一些报酬，并列了一张清单，比如他为家里送邮件啦，他在花园里干活啦，他一直是个听话的孩子啦……这些他认为值60芬尼。母亲收到这份账单后什么也没说，也写下了一份清单给小彼得，比如她供给他十年的吃喝，在他生病时为他护理，一直为他做个慈爱的母亲……最终共计0芬尼。

0芬尼！当时这个结果着实出乎我的意料。我对母爱的第一次思考也是源于那一次阅读。时隔二十多年，现在再看这篇文章我依然感动。

如果我们对鸡汤的定义严谨一点，那些伪劣的汤羹便没有资格被称为鸡汤。所以那些“假、大、空”的文章我更愿意称它们是“伪鸡汤”。

我们不能因为一部分不好的因子掺杂进来，就把原来好的部分否定掉。人们生病会去看医生。那些用专业技能尽自己之所能救死扶伤的人我们称之为医生，而那些江湖术士也会给人看病，也被人当成“医生”，但他们的目的是骗钱。我们不能因为遇见的江湖术士越来越多，就得出“医生都是骗人的”的结论。

那么，你现在正在喝的这碗鸡汤，味道怎么样？让你感到舒服吗？你自己的这锅鸡汤是在什么情况下熬的？里面掺杂了自己的哪些情绪或情感？对自己和他人有好处吗？

很多时候，我们的行为受心态和情绪控制，文字也一样。一个情感屡受挫折的女性，在十分悲痛的情况下发誓下次一定要找个“好伴侣”，可能会写出偏激的文字：“找一个人要这般宠你：愿意吃你吃不下的东西；从来不迟到，你迟到他不生气；记得你说过的所有事；你买给他的东西他都会喜欢；可以随时找到他；会一直保护你，害怕你受一点委屈……”

这些短文看起来振奋人心，但站在人际交往的立场来看，这种思想恰恰不利于亲密关系的发展。把这句话当至理名言的一些读者通过对比自己的生活，会“悲催”地发现自己原来是“不幸”的，内心产生失落感，幸福感陡然下降。

你也会读到负能量爆满的“反心灵鸡汤”，类似于“假如今天生活欺骗了你，不要悲伤，不要哭泣，因为明天生活还会继续欺骗你”。一段很好的黑色幽默！你今天失败了，明天可能依然还会失败，可又怎样呢，放弃吧！这些文字不能为人带来希望，反倒让人变得沮丧、绝望。

希望是一种积极的目标，能让我们产生生活热情，有利于我们更好地在世界上生存下去。所以我觉得无论生活怎样对待我们，我们都不能丢了希望。

作者在写作时，不可避免地带有浓重的个人目的和个人色彩。如果你在喝汤，请带着批判性思维识别真伪优劣；如果你在煲汤，请选好材料，并从容淡定地熬一碗好汤。

此时此情此景此文

writing

生活中很多事不能单一地去解读，就像阅读文章要结合上下文来理解一样。你此刻的心境和对事的态度由你此刻身处的场景与立场决定。

古人说“男子汉大丈夫，宁死不屈”，可古人又说“男子汉大丈夫，能屈能伸”。

古人说“宁为玉碎，不为瓦全”，可古人又说“留得青山在，不怕没柴烧”。

古人说“金钱不是万能的”，可古人又说“有钱能使鬼推磨”。

一般来说，你有怎样的经历和认知，便会信奉怎样的话，写出怎样的文章。如果以上两类说法你都深有体会，相信你的文笔会更平和（当然，也有可能很错乱）。

因为此时此情此景才有了此文，世间万事万物都只是相对而言，什么样的人都存在，什么样的事都有可能发生，什么样的道理都可以讲得通。

• 有些感悟依经历而来

每个人都生活在自己的主观世界或自己理解的世界中。对于很多事物的理解，我们无法找到所谓的正确答案，甚至像盲人摸象一样，可能会得出千差万别的结论。

比如爱情，即使是名人、学者、心理学家们，对其的理解也大相径庭。苏格拉底和柏拉图认为爱情是人们对善和美的追求，尼采认为爱情就是两性之间的战争，弗洛姆认为爱是摆脱孤独的积极活动，弗洛伊德认为爱情是以性为本质的……读过他们的传记或相关著作，你就会发现，爱情观的产生与他们每个人的时代（生活）背景以及情感经历有着莫大的内在联系。

平常人在人生的不同阶段对爱的理解也不同。热恋中的人会说爱情让人神魂颠倒，失恋的人会说爱是一时的鬼迷心窍，20多岁的人会说爱是一种激情，60多岁的人会说爱是一种陪伴。人们悟出的道理是由自己的生活经历换来，倘若换一种生活情景，也许他们对事物的理解恰恰相反。

很多时候，经历决定了我们的认知。我们习惯用经验解读这个世界，这就是经历决定结论。你只相信自己相信或愿意相信的，你说是什么就是什么，然而，你目前对事物的定义也可能因为将来某天发生的某些特定的事而发生翻天覆地的变化。

想一想，对于某件事，你和身边其他人是否持有不同的观点？再继续想一想，为什么你们会有这些差异？是否与你们的经历有关？

• 有些感悟依背景而来

我们的生活环境，人们肩负的使命，人与人之间的交往模式，以及人们的关注焦点等在不同的时代都有所不同。同样一件事，在20世纪也许受人称赞，但在当今社会却可能被人否定、嘲笑，甚至遭人唾弃；反之亦然。

比如，像前面《母亲的账单》中讲的那样，母爱真的是不计回报吗？相信在当父母的人的心里很少有人会质疑这个问题。父母爱孩子，孩子遵从父母之命都是天经地义的事。然而我的一位朋友说：“在小彼得母亲的心中其实也是有一笔账的，只是她没写出来而已。”没错，每个人有投入就期望得到相应的回报，即使母亲对孩子，也是如此，只不过她们期望得到的回报并不一定是金钱，更多的是其他的期望形式，比如听话、有好成绩、父母老了常回家看看……

在几千年来以孝道为核心的思想观念中，父母是权威，但现代社会形态和经济结构发生了变化，父母或者宗族领袖身上所代表的权威力量早已今时不同往日。孩子们拥有自己独立的生活圈，财富值也远远超过了上一辈人，不再无条件遵从父母之命，而是变得更加关注自我感受，甚至有一部分人感叹父母对自己的爱是一种伤害。

• 有些感悟依结果而来

也有很多时候结果决定我们的态度。比如，我们会对正面结果津津乐道，赞叹不已，而可能对负面结果追悔莫及，甚至回避这个话题。

钢琴家郎朗成功后回忆父亲对他的教育时说，多亏了父母严厉的要求才成就了他今天的辉煌。所以他面对成功首先要感恩："感谢父母逼我练琴！"这样看来当孩子的自制力不够，贪玩时，父母充当严厉的"恶人"是应该的。

然而，又有多少人回忆起童年的练琴经历时像做了一场噩梦。他们怨恨父母的严厉和苛责给他们留下了童年阴影。很多人在父母的逼迫下练琴也吃尽了苦头，可终究还是没有走上这条道路。

我曾遇到一位高中生，由于厌学被父母带到心理咨询室。从小学开始，父母规定他每天必须练琴六小时，他自己极不情愿但又没办法违背父母。高中以后，他认为这样的生活没有任何意义，因为他几乎没有和同学们出去玩过，别人谈论的趣事他好像从来没经历过，他也没有好朋友。高三时他突然变得很叛逆，开始逃学、玩游戏、结交朋友、喝酒。他说，这样做的目的是为了“补偿”自己一个有趣味的童年。我想他恐怕不会感谢父母逼他练琴，更不会接受父母说的“吃得苦中苦，方为人上人”这样的话。

如果你正经历某件苦恼的事，你现在是如何看待它的？你历经过的事，在经历过程中和结果出现后，你对它的看法是否发生过改变？在你的生活中是否有一些出乎你意料的事情发生？

• 有些感悟依心境而来

一位朋友问我怎么理解“活在当下”。我反问他如何理解。他说：“谁也不知道下一刻会发生什么，该吃就吃，该玩就玩，不亏待自己这一生！”人生如梦，白云苍狗。过去的已过去，未来的未到来，唯有珍惜现在，过好当下每一刻——当时我也这样认为。

之后某一天我突然质疑这个解释，我反复问自己，人为什么要活在当下？过去虽然已过去，但不可否定；未来虽然未到来，但终将到来。

2008年汶川突如其来的地震让六万多人一夜间家破人亡，有些人奋斗半辈子就为了图个轻松的未来，可灾难来临的那一瞬未来消失了；有些人纠结了半辈子的心结可能刚打开，正奔往光明前程，可灾难来临的那一瞬什么机会都没有了。他们不可能知道自己的下一秒会走向死亡。很多人因此深刻地感受到未来也许是靠不住的，所以他们要“活在当下”。

“活在当下”是很多人崇尚的生活态度。然而，有些人却误解了其中的含义。希望总是指向未来的，很多人因为未来未知不可控，就选择享受当下，产生一种“想吃就吃，想玩就玩，不亏待自己”的思想。这反而让人变得更自我，更焦虑。我认为“活在当下”有时在某些人口中是个消极说法，听起来像是对未来缺乏信心，因为对这句话的浅显理解而找到了一个逃避现实的完美借口，比如那些挥霍青春，不思进取的年轻人。

现在，我对它的理解是专注于当下正在做的事。工作的时候就一心一意地工作，玩耍的时候就尽情地玩耍，你只活在此时此刻中，排除杂念——这其实是很难达到的一种境界。

同样一件事，不同的人有不同的看法，即使同一个人，在不同的阶段对事情的看法也会有变化。你如何看待事物取决于你此刻的生活状态与心境，有些事无所谓对与错。或许多年后当你再次看到此刻写下的文字时会有完全不同的想法，因为那时的生活有别于今日。

如今我也时常对自己十年前的某些观点不敢苟同。这再正常不过了。很多人对做过的事情感到懊悔，责备自己："我当时怎么那么傻？""我当时怎么会那么想？"我对他们说："当时的你并不傻，那是你在当时的处境中经过权衡后做出的最好选择，只是你现在的处境已经不同当年。你不能把当时的自己置身于现在的环境中再做评论。"

所以，无论你写下的是什么，那都是真实的你，请用一种理解、接纳的心态去看待。

我并不是懂得多才写得好，

恰恰是写得多我才懂得多。

隐喻是通往安全出口的绝佳路线，

不仅自己内心得到释放，

而且能让解读者心领神会。

主人公不是生活的孩子，

而是作者的孩子。

作者根据自己的表达需要塑造了他们。

第四部分

让文字变得生动有趣

来一场头脑关键词风暴

writing

好文章作者一气呵成，读者看起来也畅快淋漓，而拼凑出来的文章，读起来也总感觉磕磕绊绊。有时候你想写点东西，可是正襟危坐许久，脑袋里仍然一片空白。你抓耳挠腮，不知所措……

其实，你不需要为自己制造紧张气氛。相信自己，大脑从来不会一片空白，里面装的东西多着呢！现在你要做一顿丰盛大餐招待客人，做点什么菜既能展示你的厨艺又能让客人吃得满意呢?

先把自己的拿手菜列出清单：烤生蚝、清蒸鲈鱼、油焖大虾、青豆牛柳……你越重视客人，就会越重视菜单。

清单列好后，你可能会来到“储材室”到处翻看里面哪些原材料是可以用的。

冰箱里是否有大虾和鲈鱼？如果原材料欠缺，你可能会考虑到超市买些回来。没错，去逛一趟超市吧，或许有意外收获。没准有更新鲜的对虾等着你采购呢！采购的时候，你当然也要考虑用哪些方法处理这些食材，清蒸、红烧，还是细火慢熬？

现在，我们先找材料。写作和烹饪美食一样，正文开始之前，需要先把材料搜集起来——我叫它“头脑关键词风暴”。这个过程无论对专业写作还是心灵写作都有帮助。

围绕一个主题把你能想到的词语、句子、简单情节和故事大概甚至图画等都罗列出来，越多越全面越好。无论写什么都可以，让思想随意奔放。不要考虑是否有逻辑，不要删除和画掉它们。头脑中的那些一闪而过的、完全没有感觉、干巴巴的东西也要写下来。如果有相关的实物也请拿到眼前来，比如他人的照片或朋友送的礼物。

你写下的这一堆东西，也许最终有一些并没有被你挑中，那也没关系。先将它们放在这里，它们不过是原材料，况且很多不起眼的食材，在经过一番烹饪后，照样能做成一道道美味可口的佳肴。

我在正式写作前，通常会列出能想到的所有与主题相关的东西，开始时是杂乱无章的，然后从中把有用的信息挑出来正式列出框架。鉴于我的跳跃性思维，有时写某篇文章突然会想起其他一些趣事，我也会马上把这些突然闯入的想法提炼出关键词记下来。一个原则，此时进入脑海的所有东西统统不放过，写出它们的关键词。

假设现在需要你写一种“不经意的美丽”。用5分钟的时间想一想，你会想到哪些关键词？你会写人还是写景？哪些内容值得你写？“心灵写作”小组的朋友根据自己的经历完成了练习：

E的关键词：1. 春节跳舞：有一年大年三十，大家都回家了，街上空荡荡的，但有一家小店外挂了很多小彩灯，而且放着音响。我透过玻璃门看见里面一对年轻人在跳舞，很特别的感觉。2. 小美好：生活中还有很多被人忽略的美好，并不一定光芒四射。3. 美丽的定义。4. 发现：美的事物到处都有，需要发现。

F的关键词：1. 共享单车：我看到一个年轻男子把电动车的笛声按得爆响，但密密麻麻的人群并没有为他让出一条路，于是他想从旁边绕过去，一不小心撞倒了共享单车，稀里哗啦倒下一排，男子骑着电动车离开了，路人也漠不关心，一个女孩默默地走过去扶起了地上各种颜色的单车。2. 文明：遵守交通规则会让这个城市更加文明。3. 素质：高素质不一定让你赚到很多钱，但能让你得到他人的尊重，并结识到真心朋友。4. 感觉：美丽有时候不仅是一种视觉，更是一种感觉。

多做一些诸如此类的关键词练习，一定能治愈你写作前的大脑空白症。

关键词拓展游戏

writing

很多时候做顿大餐最费时间的其实是食材的准备过程，真正的烹饪时间也许很短。准备中，你除了花时间找到食材，还要用不同的方法处理好它们（洗切、腌渍、焯水等）以备用，而不是简单地处理，将它们随意地混在一起。

如前所篇所论，你写下关键词后需要经过大脑思考，将它们有条理、有计划、有美感地进行排列，然后用你的写作技术，或忠于现实，或追求曲折，或直白，或含蓄，一一将它们加工成你想要的模样来，一篇文章就算完成了。

现在，我们可以玩一个关于“关键词拓展”的游戏，训练你的发散思维、故事构建能力以及表达能力。将一些关键词串联起来，在头脑中加工成一个个完整的故事。

将一张 A 4 纸对折两次，得到四个区域。

在第一个区域中试着写下各种名词，什么都可以：紫丁香、小女孩、恐龙、种子……

在第二个区域中写下各种副词，可以表示时间、地点、程度、方式……

在第三个区域中写下各种动词，打、吹、爬、拿……

在第四个区域中写下另一组名词，与第一组不重复。

接着，以下表为例，从这四个区域中分别随意选择一组词，并将它们按不同的顺序排列起来，看看是否能组成一个完整的句子。再以这个句子为中心，用你的逻辑来编一个说得通的故事。

序号	名词	副词	动词	名词
1	孩子	居然	吃	衣服
2	鸭子	正在	做	孩子
3	杯子	马上	吹	花朵
4	老板	已经	滚	豆腐

你可以用不同的时态，也可以任意添加其他内容，以帮助你扩展故事。比如，老板正在吃花朵（4213），孩子正在公园做豆腐（1224），鸭子马上做衣服（2321）等。

这是什么鬼？“这么古怪的东西我不会写！”当我要求大家完成练习时，有人当即拒绝，因为她不知道这些词语随意组合的句子代表什么，有什么意义。

不要抗拒！大胆自由地想象，完成这种怪异的练习才能彰显出你的才能。

看看我的朋友们经过一番挣扎后，制造了怎样的搞笑结果！

• 老板正在吃花朵

公司有一个规定，每年的年会上老板要任员工“摆布”。老板也喜欢用这种奇异的方式来表达自己的和蔼可亲。每逢此时，员工们都觉得老板最接地气。

今年年会上，只见一个满头插着鲜花、打扮妖艳、大腹便便的中年男子被一群年轻人簇拥着走向舞台。原来他是那个平时不苟言笑，有时让人不寒而栗的老板啊！看，花枝招展的他正在开心地吃着花朵呢！台下掌声如雷，员工们早已笑得人仰马翻！

大家一年之中只有现在才有可能这样放肆地和他开玩笑，机会不要错过哦！不过，仍有些新来的员工看得很忐忑！

• 孩子正在公园做豆腐

公园的长椅上，有个十分专注的小身影在忙碌。

只见她正手拿一个透明小瓶给小纸杯补充“水分”，接着又拿根小棍不停地搅拌，神情严肃认真。

“你在研究什么呢，小朋友？”我问。

“我在做水晶泥！”她头都没抬，继续认真地搅拌。

“啊？”

“你看，我快做好了！”

原来她把胶水和面粉混合在一起要做水晶泥。“可是，现在看起来更像水豆腐呀！哈哈！”我故意逗她。“那怎么办啊？”她仔细看看小杯，使劲搅和了几下，有些丧气又有些焦急。

她说，她的妹妹马上要过生日了，她打算亲手做一个礼物给她。为了不让她失望，从小玩泥巴长大的我决定教她捏一个面娃娃。

和小朋友一起捏面娃娃的感觉真好啊，感觉自己也变成了一个天真无邪的孩子！

鸭子马上做衣服

“春江水暖鸭先知”。春风一吹，小鸭们就迫不及待地下水了。养鸭的小伙子在欢快的嘎嘎声中醒来，快速洗刷完毕，出门观了观天气。“又是一个大晴天啊！”他一边伸懒腰一边自言自语。吃完早餐，他挑着箩筐到鸭棚去捡蛋。然后就带上自己的午餐，拿着系着红布条的指挥杆带领鸭伙伴们去河里玩耍了。

鸭伙伴在水中一会儿翻跟斗，一会儿追赶小鱼，一会儿扑打着翅膀……其乐无穷，小伙子就躺在岸边玩手机，偶尔向河里撒些饲料，嘴里还不停地“呀——呀呀呀，滴——滴滴滴”。鸭伙伴们闻声纷纷扑过来，它们最爱听到的就是这个声音。

有一天，一只鸭子提议道：“主人对我们那么好，我们为他做点什么吧！”“能做什么呢？我们什么都没有……只有这身上的羽毛！”一只鸭子说。“那就送他一件羽毛衣吧！”另一只鸭子说。“等他有了羽毛衣就可以跟我们一起在水里玩耍了！”大家都觉得这是个好主意，并决定每只鸭子贡献一些羽毛。虽然自拔羽毛是一件痛苦的事，但是为了报答主人，鸭伙伴们却拔得很开心。

多做这样的关键词拓展语句练习，不仅可以发散你的思维，而且会让你在做的过程中欢乐无穷。你可以单独思考，也可以和朋友们你一言我一语地合作编故事。很多人开始不敢尝试，事实上他们后来编着编着，就停不下来了。要不是这些小练习，他们永远不知道自己的思维有多“疯狂”。

一些写作技巧练习

writing

心灵写作几乎没有任何规则，自由坦诚地表达自己即可。我犹豫是否有必要在这里加入一些基本写作技巧。当我看了一眼阳台两个花架上健康饱满的多肉植物后，决定完成这一篇内容。

我喜欢多肉植物。有时工作太累，身体需要活动，思维需要转换时，我就会走向阳台，把它们逐一看个遍：晚霞之舞的主干上悄悄地生出了几个新芽，熊童子的茎不知不觉木质化了，婴儿手指的叶插苗好像长大了许多呢，蓝石莲下面有几片枯叶得把它们拔掉……有时候我还会在心里跟它们说话："啊哈，你终于发芽了！""对不起，把你弄疼了！""你怎么还不长大，你已经睡了很久了！"拨弄它们能让我很快得到放松。

北京几乎一年四季都阳光明媚，它们就安安静静地待在阳台上沐浴阳光。也只有在阳光下它们才会色彩艳丽，萌态十足。它们的美几乎只有我和家人能欣赏到，可我依然花了不少时间和精力去学习栽种和培育它们的方法，比如，过一段时间我会换一次盆，并把握好培土比例，适量添加肥料；当发现白色的小粉疥虫后果断地打药除虫；注意阳光，控制浇水，防止它们徒长和黑腐；在合适的季节“砍头”、叶插……只有懂如何更好地照顾好它们，让它们呈现出生命中最美的状态，这样我才能更多地享受到它们的美。

就是这么简单，有时候即使取悦自己，也要认真地取悦。即使你将来不以写作为生，也不会发表文章，也有必要懂得一些写作的方法，因为如果使用一些好的写作方法，你的文字会更加精彩和生动，自己读起来也更加愉悦、自信。慢慢地，你会越来越喜欢写作这件事。

• 写作不是为了凑足字数

不擅长写作的人对于写作最觉头疼的事是，“要写多少字啊？”“天啦，要写 3000 字，那么多。”很多人问我：“一句话能写完的事，你怎么可以写出一本书来？”是啊，填饱肚子是一碗米饭就能搞定的事，我们却费尽心力做了那么多美味佳肴！

还记得小时候写作文的情景吗？老师规定必须写 500 字以上，很多同学数着格子写，待到终于写到 500 字时才算松了一口气，多写一个字都觉得亏。要知道，我们吃饭不是为了消灭米饭，写文章也不是为了凑字数，不是吗？

老师规定作文字数只是希望你不要敷衍，尽量写得更具体详尽一些。一旦你真的投入写作中，你会文思泉涌，远远超过老师规定的字数还刹不住车。所以，如果你觉得字数是心理障碍，最需要解决的问题是让自己全情投入，而不是想办法填满空格。当你的表达自然真切时，文字就如水满自溢。

然而，文字太多也未见得就是一件好事。你因为担心别人不能很好地理解你而反复地表达同一个主题，导致文章拖沓冗长。冗长并不等于内容丰富。把重复的及与主题无关的内容统统都删掉吧。你要记住，精练的短句比一段详尽的废话更受欢迎。

• 保持清醒，不要迷失

写文章与说话一样，有的人说起话来没完没了，却永远说不到点子上，听他说话犹如浪费生命，而有的人虽然话语不多却常常一鸣惊人，让你有种“听君一席话，胜读十年书”的恍然大悟感。

你要知道自己的写作初衷是什么，此刻的主题是什么，哪些内容需要浓墨重彩，哪些只需轻描淡写。本来你想描述自己旅程有多么愉快，却把大部分文字都花在自己如何整理行李箱上；本来你要描述餐厅一角，却把那只苍蝇描述得淋漓尽致；本来你要强调与某人的感情有多深，却把别人的故事描述得毫无遗漏……写到最后，你不知所云了。那么，如果你舍不得删掉文字的话，就更换标题吧！

在一般的写作中，你可以走宽敞平坦的直行道，也可以走崎岖的羊肠小道，但你要知道自己最终去往何处，保持清醒，不要偏离方向。

• 你需要一张结构导图

在写作练习中防止迷失，最好的办法是提前规划，准备一张结构导图。思路清晰的人在下笔之前通常会经过一番思考，哪些要写，哪些不要写，先写什么，再写什么，哪些要重点写……

写文章要有逻辑，就像建一座楼房要先设计好施工图纸，然后根据图纸添砖加瓦，而不是想先建哪里就先建哪里。规划好结构能避免语无伦次、不知所云的尴尬。平时你可以多练习如何写提纲。

结构是文章的“骨架”，是作者对文章内容的布局和规划，比如，由浅入深，由表及里，一层一层地深入表达观点的“递进式”结构；将相反的信息对应起来安排，形成反差，从而有力地突出主题的“对比式”结构；开门见山地表达你的观点，然后再围绕观点具体写各种故事、调查结果、推论的“总分式”结构。

练习设计文章结构图对你平时做事的条理性规划性都会有帮助，但带有情绪的心灵写作不一定要遵从这一点。

• 用提问来丰富内容

自由写作带给我们的最大的好处就是让人养成用心观察、热爱生活、深度思考、积极表达的好习惯，然而很多时候你感受强烈，表达却很苍白。比如当你看到旅途的美景内心无比激动时，你明明感受到心灵被震撼，感受很深，当你下笔时却成了“风景迷人，感觉很好”，然后就不知道要写什么了。

这种情况下，你可以用一些问题来引导自己。风景为什么迷人？最震撼你心灵的是山川、河流还是建筑？与其他景致相比，这里的特色是什么？最值得一说的是自然景观还是风俗人情？如果要具体细致地描述某个区域，你会描述哪里？你此刻最大的感受是什么？在其他场景下是否也有过这样的感受？那是在什么情况下？等等。先回答这些问题，然后再将答案串联起来，文章会逐渐变得丰富饱满。

• 注意文章的内在统一性

每篇文章都有确定的主题，而且有一个基本的思想贯穿始终，你有必要清楚地表达自己的立场和观点，不要前后矛盾（自由快速的表达性写作除外）。可能你会用到“先抑后扬”或“先扬后抑”的写法，但这并不影响你开头、结尾的统一性。

很多观点没有所谓的对错之分，可能前面部分你认为人生在于争取，可写着写着，你发现人生其实在于放下。人生到底是怎么回事？你自己也写蒙了。别紧张，无论你怎样看待人生，请清楚地说明理由，并给出一个不凌乱的总结即可。

在描述人物或事件时，你也可能出现表述和设置上的混乱逻辑，开头部分你说自己是一个积极向上的人，可整篇文章你都在讲自己如何迷茫，如何看不到希望；你的主人公在前面部分是个活泼开朗、有主见的人，可在后面部分又莫名其妙地变成了一个内向安静、依赖性强的人。要知道人格具有内在统一的一致性，如果原本设置的主人公是个正常人，就不要让他在你的笔下变得人格分裂。

下笔之前最好先把人物、事件、观点等在头脑中统一规划。同时，也要注意表述上的逻辑顺序，比如你可以按事情的发展先后顺序，也可以按方位顺序来描写某件事。

• 使用过渡句，不要玩时空穿越

有时我审阅文章会感到恍惚：“咦，刚刚不是在写对母亲的恋恋不舍吗，怎么突然就恨起母亲来了？”是作者突然分裂还是我老眼昏花？原来是缺少过渡。

写的时候不连贯，读起来就会云遮雾罩。一篇文章往往由好几部分内容组成，它们的关系可能是并列式、转折式、总分式、递进式、顺承式或因果式等。如果写完前一部分内容，接着要写另一部分内容，记得用一个“桥”把它们连接起来。过渡词、句、段能把两个相关甚至矛盾的内容连成一体，而不显得突兀。

“自从那件事发生后，我和他的关系就越来越疏远了……”

“开始我对他的这些做法并不理解，后来经过一次深层次的沟通后，我逐渐了解了他的为人，知道了他的一些苦衷……”

“在他的鼓励下，我再次振作起来，不再像以前那样借酒消愁……”

——这样的句子是很典型的桥梁，你还能想出哪些来？

• 细节描述，越多越生动

细节能让文字充满生命，活色生香。

“桌上传来一阵香味，原来是几个水果……”不要说“水果”，请直接写出它们的名字，有必要的话也请写出它们的形态，“那是几颗红得耀眼的石榴”；“春天，院子里的花又开了”，不要写“花”，请直接写出它的名字“天竺葵”，“一簇簇红色的天竺葵又在阳光中绽放了”。

当你想表达天气很热时，你会说“热”“很热”“非常热”。换一种说法，它可以是“骄阳似火，没有一丝风，树叶低垂，毫无生气……”两种表达，意境相差万里。

平时，你可以做一些扩句练习，让文字变得更生动，比如：

“这里很安静。”

——安静到什么程度？是鸦雀无声、悄无声息、万籁俱寂，还是风平浪静？

“今天真热。”

——热到什么程度？是汗流浃背，还是流金铄石？

“雪花落下来。”

——什么样的雪花？怎样落下来？你心里有什么感受？寒风中飘飞的雪花伴着蜷缩的枯叶轻扬蔓舞，空荡荡的街头好像有人在低声絮语。

如果我让你对我做出评价，你说“你这个人很好，非常好”。虽然你的意思表达到位了，我却很失望，难道我只值得你用干瘪瘪的“很好”来评价吗？你的评价越具体越说明你对我观察细致，情真意切。

比如有位老师对我的评价是：水淼是一位温柔外表下蕴含巨大力量的现代女性。在她身上，你既可以感受到中国文化滋养下的可爱女性的品性，同时又可以感受到追求自我的生命力量。她的文字就像她的人一样，安静、简单、真实又充满力量。

——怎么样？有没有觉得这才是真的好？

想一想，如果让你描述身边某个人，比如你的老板、小区收废品的老者、一个初生的婴儿，你会怎么写？

看看罗曼·罗兰在《约翰·克利斯朵夫》中的人物描写：

> 阿娜的老妈子年纪四十开外，名叫巴比：高大，结实，太阳穴和脑门部分的肉已经瘪缩，脸盘很窄，下半部分却很宽很长，牙床骨底下的肉往两边摊开去，像一只干瘪的梨。她永远挂着笑容，眼睛跟钻子一样的尖，陷得很深，拼命往里边缩，眼皮红红的，看不见睫毛。

练习时对人物和事件的描写越具体越好，尽量少用“很好”“聪明”“可爱”“难过”这种笼统的词。

• 用词如穿衣，常换常新

汉语词汇总量庞大、丰富多彩，一个意思可以用多个词语来表达。词语使用越丰富文章越有新鲜感。你写不出漂亮文章，可能因为词汇积累不足。就像小朋友见到大的建筑物时，不知道要怎么形容，只会说“太大了！”，因为他不懂得说“壮丽”“庄严”“伟大”这些词。

可以掌握一些同义词、反义词、俗语、成语、歇后语等，并且不重复地运用它们，就像穿衣服一样，衣柜里的服装越多你可选择余地就越大，你就越能搭配出新意。

“清明节，我们来到烈士陵园，看到了高大的纪念碑，又去看了烈士的坟墓，还看了革命烈士事迹陈列馆。”这样一个枯燥的句子，如果换着花样来几个词会怎样？“我们瞻仰了高大的纪念碑，祭扫了烈士坟墓，并参观了革命烈士事迹陈列馆。”

如果你要形容一个人淡定，能想起哪些相关词呢？

心平气和、平心静气、悠然自得、从容不迫、泰然自若、若无其事、不露声色、成竹在胸、不徐不疾、波澜不惊……

如果你要形容一个人的傲慢，能想起哪些相关词呢？

盛气凌人、神气十足、傲慢无礼、神气活现、趾高气扬、咄咄逼人、目空一切、不屑一顾、目中无人、旁若无人、恃宠而骄……

我经常看到有人说话或写文章动不动就“然后……”“然后我到了一个景色很美好的地方……然后我看到了一个小女孩……然后小女孩对我说……”这个口头禅并不好，但如果你坚持这种表达，不如将“然后”换成“接着”“后来”“之后”“终于”等，文章会面目一新。

如果你的词汇量极度贫乏，请多做词汇储备练习：先列出平时使用频率较高的词，如聪明、可爱、漂亮、愉快等，再找出它们的替换词，比如聪明有很多同义词，机灵、智慧、伶俐、敏锐等，最后记在心里。

• 边写，边学，边收获

写的时候越具体，越到位，读的时候越真切，越有快感。《红楼梦》之所以令人入迷，被广大红学家们不断关注研究，是因为它不仅是一本小说，更是一本我国封建社会的百科全书，书中涉及多个知识领域：文学艺术、园林建筑、纺织刺绣、中医药膳、烹饪美食、戏曲说唱、民情民俗、佛学道教等。我很敬仰曹雪芹学识渊博，但也相信他并不是天生的“百事通”，他的写作过程必定是在边尝试边查阅资料中进行的。

如今网络发达，人们可以通过多种渠道查阅信息。我曾为了把一篇文章写得真实生动而查阅了七八十种花草树木，了解它们的生长地、形态、特征等，并在不同季节到公园实地观察它们。文章发表后，朋友啧啧地感叹道：“真想不到，你还是一位植物专家呢！”我暗想，哪里，我不过是在写作的时候多翻阅了点资料而已。

我并不是懂得多才写得好，恰恰是写得多我才懂得更多，因为想写得更好才主动去学习和了解。好的作家并不只是文笔好而已，至少在他的文字中他是无所不能的。建筑师、乞丐、厨师、旅行者、小商贩……如果有必要，这些人物的生活就是作家自己的生活。也许在写作前作者对这些领域毫不了解，但为了把文章写得传神，他们会本能地扩充自己的知识库，或直接体验他人的生活。

如果某一天，当写作这件事把你变成了一个敏感、细腻、情感丰富、耐心而博学的人，请不要感到惊奇，这正是它给予你的最大收获。

• 适当地使用一些修辞手法

“我从小跟着妈妈长大，我从妈妈那里学到了很多东西。”“小时候我不识字，妈妈就是图书馆，我读着妈妈。”对比这两个句子，你就知道我们为什么要谈修辞了。

比喻、拟人、排比、对比、联想、夸张、反复、谐音、反问、借代、通感……修辞手法多种多样。它们都是很好的写作工具，你了解和掌握得越多，写作花式就越多。

正如我们喝水，你可以喝白开水，也可以喝各种有滋有味的饮料。写作中的修辞有时能起到画龙点睛的作用。比如，“秋天，树叶落下来了”与“秋天，金黄色的树叶随着微风，恋恋不舍地飘到远方”相比，后者加入了作者的情感，更有意境。试试给你的那杯白开水加点不同口味的调味剂，然后再品尝一下，是不是味道更特别了？

“这不是让我回到语文课堂上吗？”别担心，你不必按语文老师的要求记住全部修辞手法，不必做文学研究，只需要懂得一点修饰文字的技巧就行。

修辞手法能让文字更赋有文学色彩，但值得注意的是，有的人常常用某些修辞强调自己的观点或情感，却忽略了内容上的合理性。

记得有一次我与几位朋友聊天，其中一位大概想赞赏一种不争不急、宽心做人的态度，她当时用了一个比喻：“看看我们身边的大树，它们每天静静地屹立在街边，吸收城市中的尘土和雾霾，任劳任怨，从不去想做高楼大厦！”我觉得这个比喻很没有道理，当时便和她开玩笑说：“也许大树很想做高楼呢？”“也许它们并不想吸雾霾，只是无奈呢？”我真的不是跟她抬杠。

还有一位小朋友写道：“我家屋前的杨树和柳树是好朋友，它们每天站在一起，从不分开。我们要学习它们的友谊。”我看后也笑了：“也许它们彼此相恨，却又苦于无法分开呢？”

• 十年前的素材，就赶紧扔掉吧

20 世纪 90 年代的小学生写作文，如果是关于爱心，他们总会遇到一位喜欢过马路的老奶奶，而且老奶奶总会被好心的少先队员扶过马路；如果是关于孝道，他们总会想起“孔融让梨”的故事；如果是关于毅力，他们总离不开“愚公移山”的精神。大家都用同一种食材（素材），用同样的手法烹制出同一口味的菜肴（文章），自己吃腻了，老师也看吐了。

食材越新鲜口感越好，越特别越能刺激味蕾。想要引人入胜，就舍弃那些久放过期的原材料吧。

有时候我与朋友们聊天，朋友说："我给你讲个故事吧！"于是他就讲了个自认为很有意思的故事，希望我能听出其中的深意，进而认同他，"开悟"，可是他说的这些我早就知道啊！七八年前我的书中已经写过了。

"储材室"的东西需要经常更新。因为人的大脑会潜在地忽略那些重复性信息，而新鲜信息的输入才会让大脑加工富于挑战性，进而高度集中地产生更多新能量。如果你的文章中重墨描绘了一些众所周知的事情，请马上把它们拿掉，用一些最近发生、最新发现的信息替代进去。如果非要用老素材，那么请用发展的眼光、新的视角看待它们。

• 设置悬念，让文章有点"戏剧性"

如果你在编故事，又想让故事更好玩一点，可以设置一些悬念。人们的好奇心永远是一股不可低估的力量。当我痴迷于某电视剧时，如果被人剧透了结局，我会顿时对该剧失去兴趣，因为悬念被打破。出其不意的东西总能使你的心情紧张又有所期待，印象深刻，回味无穷。

比如，"昨夜十二点，一阵电话铃将我从梦中惊醒。我睡眼惺忪地摸起手机立刻关掉。不料三秒之后，铃声又急促地响起，一个未知号码。我的心随之一紧，不会是他吧……"短短几句话马上就有了悬念，为什么半夜有人打电话给作者？作者看了电话号码为什么心头一紧？“他”是谁？曾经发生了什么？然后呢？当读者想知道时，你再娓娓道来。

假设你的故事才写了个开头，接下来的剧情和结尾就被人轻易猜到，这个故事必定索然无味。做个有趣的作者，和读者捉捉迷藏吧！我们经常把一些不符合常理，意料之外的结局叫作“戏剧性结尾”。如果你的情节和结尾都缺点儿“戏剧性”，为了故事发展需要，不妨尝试“打破”原有剧情，“重建”情节。当然，情节既要出乎意料，又要合情合理，让人心领神会，会心一笑：“真是没想到啊，有点儿意思！”

让文章具有“戏剧性”，你可以做一些设置悬念的练习，比如用提问、倒叙等方法将现在的开头改为疑问形式，或是给现有的故事重新换个“翻转”性结尾。

我们都生活在故事中

writing

无论是语言还是文字，清楚地表达自己是我们日常交往最基本的需求之一。为了达到更好的表达效果，人类就创造了生动的故事。故事让你的表达更深刻，说服力更强。在我的印象中，能把故事讲好的人大多聪明、幽默，且逻辑思维和表达能力都很强。

我们每个人都生活在故事中，人的一生就是一个长篇故事。写作的时候，你是否能将思想演绎成一个故事，用故事表达出一种情感？

那么，故事究竟是什么？最简单的理解就是发生了什么事，把这件事的起因、经过和结果描述出来。

在一个寂静的夜里，我正聚精会神地赶稿，手边电话铃突然响起，吓得我双手一哆嗦，赶紧拿起手机，只见屏幕显示“私人号码”。料想是广告骚扰电话，可刚拒接对方又打了过来。谁会在半夜三更打电话给我?

我小心翼翼地接听，原来是南方闺蜜打的网络电话。她说：“没办法，必须要打电话给你，不然我就要疯了！”这几乎是她每次打电话给我的开场白，所以见怪不怪了。

这次电话主题还是和以往相同，大致是从小到大没得到父母应给的疼爱，自己单枪匹马打拼很不容易，生意场上的人个个不可信，一个人生活难免感到孤单，说不定哪天自己累死了也没有人知道……

原本我就在为第二天及时交稿争分夺秒地敲键盘，所以听电话时有些敷衍，听着听着，眼珠就挪到了电脑屏幕上，希望她把情绪表达出来后能尽快挂电话。我不知道自己的注意力是什么时候被她吸引过去的。只听她说：

“……面包车把我扔那儿就走了，前不着村后不着店，像个荒郊野外。我前后左右都没看到厂房，打电话到厂家问路，嘈杂声中，对方嚷嚷着很不客气地叫我自己找就挂了电话。周围一片灰暗，天好像要压下来似的，看起来像晚上七八点钟。雨也越下越大，最后就像头顶有人用盆子往下倒水一样，毫不夸张。

“我往前跑了100多米，到一个公交车站避雨。车站只有我一个人，我一只手举着伞，一只手护着包，后背已经湿透了。一阵风吹过来，我打了个冷战。我想，这时候要是来个劫财劫色的，我可是毫无抵抗之力，总预感包里的十万块现金会成累赘！”

荒郊野外，一个瘦小的女人抱着巨款在大雨中警惕又害怕地找厂家拿货。听到这里，我脑海里突然闪现出《我是证人》里面盲女警察在雨夜等车，上错车，被犯人一路追杀的系列画面。

“那……后来还顺利吧？”我问。

“不顺！”隐约听到她抽泣了一下，然后很艰难地回答。

“我在公交车站等了二十多分钟，没见一个乘客，也没有一辆公交车停靠，真是太诡异了！好像整个黑暗世界里就我一个人！我很害怕，不停地原地转着圈看四围。我都不知道自己到底是希望有人出现，还是害怕有人出现。

“只是几秒钟时间……我只是扯了扯雨伞，猛一抬头，面前神不知鬼不觉地就出现了一个高大的男人，离我大概一米远。感觉他像突然从地下钻出来的一样。奇怪的是这么大的雨，他手里拿了一把长柄黑伞，并没撑起来。我不敢看他的眼睛，但我知道他一定在看着我。

“这人要是个坏人，或一时起贼心，我就绝对死于非命了！我只想快点逃离这个鬼地方，什么厂家、货品、钱财都是浮云！我想，今天要能安全回家就行！

“好不容易等到有一辆车开过来，我拿出全部勇气冲到路中间去拦。结果司机摇下车窗对我就是一顿臭骂，不等我开口车就开走了。我转身想回到车站避雨，那个男人握着伞柄边戳地面边冲着我笑，笑得我毛骨悚然！

“我不敢再回车站，尽量离那个男人远一点。只要看到远处有车灯光，就马上伸出手，希望有辆车赶快把我带走，可第二辆和第三辆车都直接从我身边开过去。

“等到第四辆车时，我已经语无伦次了。我使劲拍打车窗问车主：‘多少钱你愿意带我？’车主一怔，然后问我要去哪儿，我说：‘把我带到市区，怎么样？快点！谢谢！’我马上要哭出来了。

“车主叫我上车。为了安全起见，我坐在了后排。座椅上乱七八糟地放着一件外套、一盒纸巾、半瓶矿泉水，空气中弥漫着浓浓的烟味。这些都不重要，我想，来的时候面包车三十多分钟路程，我付了 100 元车费，给这位车主付 200 元都不为过！

“车主是个精瘦的男人，穿着一件夹克，像个做小生意的。他不说话，我也不知道说什么。雨刷不停地来回刮着玻璃，前方的路仍然看不太清晰。我说：‘大哥，多谢您帮忙，您把我带到市区任一个公交车站就行，您看我给多少报酬合适？’

“他侧了一下头，呵呵一笑，说：‘我不要钱！’为什么不要钱？那他想要什么？我的心又被吊了起来，却故作轻松地说：‘那怎么好意思呢！我今天带的钱不多，给您 100 元怎么样？’

“他说：‘呵呵，我真的不要钱，什么都不要！你别害怕！’向他反复追问了几次车费的问题，然后我俩都不说话了。我的眼睛透过前窗玻璃，死死地盯着前方道路。

“二十多分钟后终于到了市区。这一路我的身体高度警戒，每根筋都绷得很紧。现在我完全回忆不起当时是怎样上公交车，怎样回宾馆的。就像做了一个噩梦，我发誓再也不去那个鬼地方了！”

她讲完了，我感觉还没听完。没想到自己会被带到故事中，并替她捏了一把汗，尽管我知道她讲的时候有些添油加醋，有些夸张。

第二次她给我打电话的时候，我说，你做生意太辛苦了，找个好平台去当讲师吧，你看起来更像个知识分子，而且还可以扩大自己的交友圈，不至于每天一个人待着，感到孤单。几个月后她真的转行做了讲师，而且很快就积聚了不少粉丝。

在我看来，会讲故事的人，几乎到哪里都受欢迎。

要吸引别人，打动别人，说服别人，最好的方法是讲个故事给别人听。故事要有目的性，有具体情节和高潮。描述事情时抛弃那些大而空的形容词，用生活细节和画面场景来表现人物的内在、外在特征和事情的经过，简单的事情列举并不是故事。比如，她开始列举了很多生活中的不幸，父母不疼爱她，前夫对女儿不好，一个人做生意艰难……都不如她描述的这段诡异经历给我印象深刻。故事让我身临其境，感同身受，并产生一些深层次的情感，深深地感受到她一个人的生活有多么不容易。

人们讲故事通常带有目的性，要达到某种目的就会突出编排哪种情节。即使是同一件事，也可以用不同的角度去讲述；即使有大致的故事梗概，也可以编出完全不同的情节。

比如，借用前面“关键词拓展语句游戏”中的“老板正在吃花朵”，编几个不同版本的短小故事或情节。（你可以先试试编一个故事，然后再继续看下文。）

玄幻版：“快给我到大力树上摘7朵花来！”国王传令下去。外敌入侵，要保护国家首先要壮大自己。大力树上的花每三年开一次，吃7朵不仅能增加力量还能让人身轻如燕，健步如飞，但宫中传说如果吃的数量不对就会让人丧心病狂，神志不清。“报告皇上，树上还剩6朵花！”吃，还是不吃？这是个问题！兵临城下，为了保护子民，国王决定赌一把。当他战战兢兢地吃下第六朵花时，感觉浑身充满了力量，并没有疯掉。“哈哈哈！”“老板，我们的标书还投吗？”他被助理从梦中唤醒，揉揉眼睛。半晌，他大声地说：“投！”随即从办公桌上的花瓶中扯下几片雏菊花瓣放入嘴中轻嚼，露出了自信的笑容。

悲剧版：他躲在山谷已经两天没见任何人，没吃任何东西了。饥肠辘辘的他随手抓起几朵红得像血的映山红塞进嘴里，边流泪边使劲咀嚼。嘴里不知是泪水的苦涩还是花朵的酸涩。回想起赌场、公司、离婚、高利贷……一幕幕痛心的场景无休止地在脑海里回放。这一个月里，他的心遭受了千刀万剐。此时，盘旋在头顶的几只乌鸦发出了哀鸣声，像是预示着什么。“没人能救我，一切都结束吧！”他想。山下传来刺耳的警笛声，他站起身，踉踉跄跄走到陡峭之处，纵身一跃……

励志版：一贫如洗的他身患重病，这犹如阎王在催命。没有医生愿意无偿帮他。“难道自己的一生竟如此短暂吗？”有一天，万念俱灰的他心中陡然燃起了强烈的求生欲望：“我不能病死！”生活在大山里的他从小懂得一些草药知识，他决定不管怎样也要试一试。神农尝百草的故事又在他身上重演了一遍。他边看书学习边实践，跋山涉水，风雨无阻，历经三年终于找到了一种有效控制病情的植物。三年又三年，病情不仅没有恶化，反而减轻了。为了让更多人受益，他开始栽培和繁殖这种神奇的植物，并创办了自己的公司。后来，电视台采访他时问起这种植物的名字，他蹲下来仔细端详这种救命草：植株矮小，茎有短刺，三片黄色花瓣酷似人脸。他摘下一朵放入嘴中，沉思了一会儿，然后坚定地说：“就叫它黄天助吧，只要自己不放弃，上天就会帮助你！”

可以看到，利用同样的关键词（句），我们可以加工出不同版本的故事或情节。我们都生活在自己的认知中，讲故事的过程就是通过相关联的素材，用具体的方法表达一个观点和情感的过程。你有怎样的想法，就可以编怎样的故事来影响自己和他人。

为故事加入生命气息

writing

二十多年前，笔友打电话告诉我一件很令她伤心的事，陪伴了她好几年的小狗被公路上疾驰而过的汽车撞倒后，奄奄一息地躺在窝里，不能进食，越来越虚弱，几天后终于眼含泪水离开了她。她说小狗离去前那种无助的眼神她将永世难忘（当时县城里还没有宠物医院，大人们也不会把一条普通狗当宠物）。电话那头的她声泪俱下，平日里小狗带给她那么多欢乐，现在眼睁睁地看着它痛苦地死去却爱莫能助。她非常愧疚和自责，听得我在电话这头也直抹眼泪。

这是一个很感人的故事，放下电话，我立刻把它写了下来，可读起来时却毫无感觉。当我念给同桌听时，她居然没意识到这是件真事。我不懂为什么会这样，难道我是一个没有感情的人吗？

后来我领悟到，我写的是别人的故事，自己并不在故事中。

没有感同身受，我始终是个局外人，所以我也不能把读者带到故事中。当我想把一种感情传递给他人时，如果自己缺乏深切的体会，那就很难做到。

当然，这并不是说未经历的事就无法写得生动，你务必在这些听来的故事中加入生命的气息，如果你有过类似的经历，你在写作时会更可能产生共情，否则别人的故事始终是别人的故事。一个作家自己的经历与听来的故事，就像自然怀孕与试管婴儿技术一样，最终的结果可能是一样的，但后者可能要为受孕多费一点功夫。

带着情绪或情怀去写作，就像带着灵魂生活。情绪除了生活原本的激发外，是可以培养起来的。比如，作家会经常体验生活，设身处地去培养情绪。因为当写作者回到故事现场，全身心投入写作的故事中，用想象去听、去闻、去触摸，才能发现（或制造）情感，才能把情感呈现给他人。

每一件能让你有感触的事，无论是美好的还是伤痛的都值得你好好感受和领悟，将它们即时写下来，这样会使你的情感变得更细腻。同时注意不要将重心放在优美的词语上，朴实的语言也许更能打动人心。只有把自己的感情凝集于笔端，才能写出具有真挚情感的文章。

你有必要提醒自己，现在写作不是因为你有才华，而是你的内心需要表达。当你的想象此刻还无法达到“以假乱真”的境界时，你可以选择那些触动你内心的小事来练笔。

比如，我有一位朋友在她的朋友圈寥寥几笔写了这样一件事情：

> 点外卖，送餐员迟到了十五分钟，来的时候不停地道歉，说车子坏在路上，没办法，跑过来的。心里很难受，跟我父亲一样的年纪，一直在鞠躬说“抱歉，有没有耽误您吃饭”。我说：“你放心，我真的真的不会投诉的，你赶快去送别的吧。”决定以后再点外卖的时候备注再也不写“尽快”了，改成“不着急，慢点，注意安全”。

很奇怪，这段表达很朴实，没有一个华丽的词语，却打动了我。因为我看到了一个真实的画面，也想起了自己的父亲。

优秀的作者具有还原生活场景的能力，能游刃有余地表达自己的喜怒哀乐，不会无病呻吟；好的文字能让人读完后头脑中再现作者描述的画面，有如身临其境，如见其人。

可见，忠实且栩栩如生地在纸上再现生活，也是一种能力。

作家有时是“大骗子”

writing

作家们都在作品里忠实地表达自己吗？在思想上也许是，但在情节上并不是。

会说话的人，往往“说的比唱得还好听”；而会写作的人，往往“写得跟真的似的”。别以为你看到的一切都是真实的。作家们一直在编故事，真假难辨。文字作品如果不高于生活，就不能将之归于艺术了。文字不过是作家们的出口，越是有经验的作者，越懂得如何加工事实。

写作新手们最开始写作往往会忠于自己的经历和感受，有力图接近真相的倾向。他们看到什么、感受到什么就会写下什么。不是因为不会撒谎，而是不懂得如何将现实抽离出去，进行“文学加工”。我高中时期写的小说简直就是自己当时的生活记录。别人看完它们就必定了解我的高中生活。闺蜜看完立刻就明白我是所有的女一号，其他主人公都是谁，发生过什么，一清二楚。

我不过是假借他人之名来记录自己走过的路。其中当然有有些路自己并未走过，但写着写着，最终也变成了自己走过的路。所以有时候我看着以前的散文随笔也会恍惚，有些经历真假难辨。

后来，有一位朋友与我探讨她的小说，我说主人公的经历过于简单，读起来就像喝了一杯白开水，没什么滋味。

她马上反驳："哎呀，我写的这个人生活中就是这样，没什么经历！"我说："拜托！你只是在写故事而已，如果不是为某人写传记，就不用刻意追求真实。你最好先把事实和故事区分开，然后再继续。"

一个精彩的故事总离不开曲折的剧情，可我们的生活大多是单调的。没关系，你可以把许多人的生活加在一个人身上。作家笔下的某个人物可能是生活中很多人物的共同化身。

其实，主人公就是作家的孩子，作家根据自己的目的塑造了他们。比如，你想要塑造一位行事泼辣的女性，可以在头脑中搜索：生活中谁是最好的原型呢？咦，找到了，邻家大姐不正是这样一个人吗？她说过什么话？发生过什么事？她可能有怎样的心理活动？当然你需要回忆或联想她的一些生活细节。经过一番渲染，她就变成了你笔下的主人公。

然而，邻家大姐和主人公的外形似乎有很大的出入，谁能代表主人公的形象呢？前几天认识的路人甲身材、长相和气质都不错，就是她了！接着，你的脑海里就可以播放路人甲的各种特写镜头，把她的长相、衣着、举止、神态、表情等详细描述一番，这个人物就更加生动了。

为了获得读者们的喜爱，作家们要绞尽脑汁地构思、编排。编故事是他们最重要的一种能力，写作除了自己的经历，更依托于作者的想象力，而想象也来源于生活事实。作家笔下很多经典人物都能找到生活原型。

相传，施耐庵在写“景阳冈武松打虎”这回书时，怎么也写不好，总觉得没写出神气来，伤透了脑筋。正当他苦闷不堪时，书房外传来一阵吵闹声。他不由得放下笔，站起身，走到门边往外看，只见邻居阿巧正和一条狗在恶斗。

当时，阿巧喝醉了酒，袒胸露背对那条狗拳打脚踢。狗也不示弱，一会儿扑，一会儿掀，一会儿冲上去对阿巧一顿乱叫、乱咬。忽然，狗朝阿巧一扑，阿巧闪身一让，顺势骑在狗背上一阵狠打。那条狗顿时被制服。

不远处，施耐庵看得目瞪口呆，眼前这一切不正是武松与老虎搏斗的场面吗？他马上回到书桌前，文思如泉涌，将武松打虎的情节一气呵成，且让人恍若身临其境。后来他把这件事告诉妻子，妻子说：“真是无巧不成书啊！”

文学作品来源于生活，却高于生活。你看的那些作者亲笔自传又有多少内容是真实的呢？并且你知道人有自我美化的倾向，当你向别人描述自己时，你绝不会一个劲地说自己的丑事或糗事，而会挑那些值得炫耀的来说，即使是某件糗事，你将它表述出来时也会在不经意中表明你的态度的转变：“看我当年多丢人，现在的我已经不是当时那个我了！”自我美化的事说的次数多了，到最后自己也分不清到底是真是假了。

如果不刻意保持文字的真实性，作家很难做到在文字上的坦诚。很多演说家会用自己的“真实”故事激励听众，说得听众激情洋溢，泪流满面，他说的也不过是他想要让大家听到的故事罢了。故事的脚本是他自己的生活，而情节中却可能掺杂各种有趣的、催泪的、励志的、离奇的故事，他会无意识地迎合听众或自己。

写作的时候，你可以既是自己，又是笔下的人，也可以既不是自己，也不是笔下的人。一切由你的写作目的决定。

用隐喻的手法表达自己

writing

当你阅读一篇文章，作者要告诉你的也许不是字面呈现出来的意思，而是在暗指另一件情况相似的事情。很多意味深长的漫画、意境深远的诗歌，以及发人深省的寓言故事都需要我们进行深层次的理解。

我喜欢在写作中使用比喻手法，特别是隐喻，就是将一种事物比喻为另一种事物。比如有人说“爱情是一朵带刺的玫瑰”。爱情和玫瑰有一个共同点：既让人享受到它的美好，又会让人受到伤害。

正如我前面讲过，这世间万事万物都有联系，我们认为八竿子打不着的两个事物都能找到共通之处，所以当你想要含蓄地说明某个事物时，很容易就能找到载体。

如果思路足够开阔，你的头脑中会自然而然产生一种“替代说”，把你心里想要表达的事物用另一个载体说出来。说的是它，其实不是它。同一篇文字，不同的读者可能会有不同的解读。解读隐喻的过程，其实就是找出作者真实所想的过程。

隐喻不是一种简单的比喻，它体现作者的思维方式，使作者的感受更加图像化和具体化，它能传达出作者复杂隐晦的情绪和思想，直至心扉。诗人大多都是运用隐喻的大师，他们常用隐喻表达自己内心深处的情感。还记得曹植的七步诗吗?

“煮豆燃豆萁，豆在釜中泣。本是同根生，相煎何太急?”

这首看似浅显的诗，正是它的历史背景赋予了它真正的深层含义。

重温这个故事：三国时期，曹操去世，长子曹丕即位，弟弟曹植被封为丞相。曹植很有才华，精通治国理家，朝中政事管治有方，因而在朝中很有威信。曹丕把这一切都看在眼里，心中的妒火油然而生，对曹植产生了怨恨之心，把他视为眼中钉，苦苦相逼，并命令他在七步之内作一首咏颂兄弟情分的诗，但不能出现“兄弟”二字，否则就大义灭亲。当时，曹植正好闻到从远处飘来的阵阵煮豆的香味，灵感突来，借物抒情，六步之内就作出了诗，让曹丕无可辩驳。

这首诗用同根而生的萁和豆来比喻同父共母的兄弟，用萁煎其豆来比喻同胞骨肉的哥哥残害弟弟，现在已成为人们劝诫兄弟，避免互相伤害的普遍用语。

我觉得隐喻对很多作者而言，不仅是一种替代情感的表达方式，更是一堵防御之墙。在没有言论自由的年代，很多作者动辄以物喻人、以事喻理，或暗示自己内心的美好向往，或表达对社会制度的抗争。

我国的古典名著哪一部不是作者在表达对当时社会的不满？在一个全民压抑的年代，对作者来说，隐喻是通往安全出口的绝佳路线，不仅自己内心得到释放，而且能让解读者心领神会。

用一种含蓄的方法，把生活中不便直说的话表达出来，实在是太高明了！那些总喜欢指桑骂槐的人，也常常是使用隐喻的高手。

对于促进个人成长来说，使用隐喻也有一种只可意会不可言传的微妙效果。它最重大的意义在于能帮助人们自我觉察，把以往经验与当前的现实理想整合起来，改变认知，激发领悟，促进人格完善。如果别人看不清自己的现状，我就讲个故事让他看清。比如，当我的孩子取得一点成就就沾沾自喜，不再努力时，我就讲个《龟兔赛跑》的故事给他听，他马上就领悟到自己就是那只兔子，如果继续“睡”下去会有怎样的结果。

有时候，我也喜欢自己编故事给孩子听。一些看似随意编的故事其实是“别有用心”的。我说的是小鸡小鸭的故事，他听到的却是他自己的故事。

有一次孩子（五岁）咳嗽了很久，我找到一位有名的中医大夫给他开了些中药，但他一闻到味道就摇头摆手，坚决不喝。爷爷奶奶和爸爸轮番劝说都无效。于是，我绘声绘色地给他讲了一个节奏紧张的战斗故事。

我说："现在你的身体正被一些可恨的病毒进攻，你的嗓子和鼻子才会很不舒服，身体也很虚弱……"

这听起来像是一件很严重的事。他瞪大眼睛，若有所思。

"但是，你的身体里面也有一支叫'免疫系统'的好部队在保护着你，一直在和那些病毒抗衡着，可惜它们力量有限，正在等待救援……"我继续说。

"妈妈，怎么救援？"小孩子其实是很关心自己身体的。

"手中的这碗汤药就是支援它们的有力武器呀！如果它被喝下，这支部队马上会力量大增，打败可恶的病毒，身体自然就会恢复健康。"

我说到这里，他马上点点头，皱着眉头，捏着鼻子，一口气把汤药喝了下去。

事实上，我只是编了个故事，把生病、吃药、增强自身免疫系统这些事用他能接受、能理解、感兴趣的方式讲给他听，并没有骗他，而这个方法起到了很好的作用。

隐喻能让作者含蓄地表达自己的想法和情感，也能让听者（读者）用新的角度来看待或诠释事物，产生新的领悟。

回头再看自己的文字

writing

写完一个作品之后，最好过一段时间再回头看看它，那时你也许会有新的思路和想法，因为你每天都在成长。

我把写作的过程看成修建房子的过程：设计蓝图，准备材料，建构毛坯，装修装饰，入住。虽然毛坯房也可以住，但总不那么赏心悦目，如果根据自己的审美和生活需求装修和装饰一下房子，你住起来会更方便、舒适。

你的初稿只是一间毛坯房，在确定其根基稳固的情况下，现在你需要对它进行装修、装饰、打扫。也许客厅刷上蓝色的油漆更好看，那个高凳摆在玄关处可能更方便，书房的壁灯好像有点多余，应该撤掉，客厅最好配一副厚重的窗帘……如此这般地收拾和修饰，你的房子（文章）就更漂亮和精致了。

好的文章没有一个具体的评判标准。一篇文章在你已经很满意的情况下，若再换个别语句，可能会让你更满意。文章完成之后，我一般会修改三次以上。对于不着急的我会先放一段时间再修改。因为写初稿时很随意，想到哪里写到哪里，所以现在回头看它们时，我会做大量工作。

比如，检查思路是否清晰，结构是否合理；文题对应，要么根据内容改标题，要么根据标题改内容；增减内容，删掉拖沓冗长的内容，在不够饱满的地方增加素材；检查文章的内在逻辑，人物个性是否前后一致，过渡是否自然；润色语言，避免过于口语化或文绉绉的表达风格；增加阅读兴趣点或一些修辞手法，如考虑是否要换一个更吸引人的开头……

如果不发表，我可以一直改下去。有时候改得很满意了，过些日子再看又觉得有些不对劲，再修改。每次感觉都不一样。永远没有最满意的时候，只能说交稿时稿子的状态是当时自己最满意的。也许随着时间的推移，一段时间后，满意又会变成不满意。

编辑改稿的时候也会出现这种情况。同一篇文章，也许有的编辑能通篇改红，有的则改不出什么问题来；有的编辑喜欢得不得了，有的编辑觉得就那么回事。

所谓“此时此处此景此文”，修改文章也以当时的感觉和认知为准。

如果你愿意，也可以把你的文字与朋友们分享。只不过把一个作品交给 100 个人，你可能会收到 100 种评论。有些文章你自己喜欢得不得了，但别人却觉得不怎么样；有些你写的时候并不自信，别人却认为非常棒。不管怎么样，听听别人的看法和建议，然后做出自己的决定。

当然，如果你想要发表，也是件好事。我相信很多自诩为文艺青年的人都有过投稿经历，我也相信大多数的稿件都是有去无回的。第一次，哪怕在某杂志上刊登了一个豆腐块的小文章，都能让人欣喜若狂。我认识一位做家政服务的阿姨，平时工作是上门做清洁卫生，闲暇时爱好写诗。五十多岁的她来自乡下，不打麻将，不聊八卦，自得其乐地写作，令我非常佩服。我认识她的时候，她已经写了十多年，但从未发表过。“去年只拿了两千块钱的稿费，真的不多。”我去年见到她时，她依然迫不及待地和我聊起诗歌。从她谦虚的话语中谁都能听出难掩的炫耀。我很为她高兴。对她来说，“稿费单”上的金额不重要，就像小学生初次领到的奖状，是一种认可和鼓励。

值得注意的是，我们对自己的作品除了文字表达上的思考，更有必要回顾自己在表达中的想法和情感，特别是那些写给自己看的文字。人们在书写表达过程中释放被压抑的情感，获得轻松感，而人们认知重建（对某些事物产生新的看法与态度）的过程则很可能发生在写过之后的思考中。所以写过之后对作品内容的思考尤为重要。

思考你为什么会选择这个主题？你在写的过程中有怎样的情绪，开心、愧疚、遗憾或是其他？对于作品中提到的人与事，开始写的时候你有怎样的想法？现在你的观点是否有所改变？

一旦动笔就不要停下来，

继续往前，

去探究你内心的真相。

我常认为自己是一个内心细腻的人，

因为我的内心早已经历过千百“题材”的历练。

很多人生活得累，

常常是因为自己的“自由心”被“功利心”打败。

第五部分

开启奇妙的书写旅程

准备一支好笔和活页纸

writing

如果每次有人对我说他想写东西但从来没有尝试过去写，我都收一块钱的话，这么多年来，我收的钱一定够我吃一顿豪华大餐了。

“想要”的人多，“成为”的人少；“准备”的人多，“开始”的人少；“进行”的人多，“持续”的人少。正如很多人都希望自己是博览群书、知识渊博的人，他们会买很多书回家，整整齐齐地摆放在书柜里，但从来腾不出时间去看。

现在，当你拿起我这本书，我默认你至少是一位对文字感兴趣的人，那么就不要用“我没有时间写”“我真的不会写”“我不知道要怎样写”这样的话来搪塞自己。

在写作之前，你有必要准备一支品质不错、写起来称手的好笔，因为好一点的笔会提升你写字的动力。

有的人喜欢用录音笔、手机、电脑等多媒体设备作为载体来记录文字，和这些比起来，用纸笔写作速度会慢很多，而这恰恰给了你足够的思考时间，特别是头脑风暴的时候，在纸张上随意乱画要比在电脑上敲字自由许多，而且经常用笔还可能让你练出一手漂亮的字来。

此外，你还需要准备一个或多个可以随身携带的小记事本，这样便于你随时记录。当然，活页本或散张A4纸外加两个纸夹会更好。如果本子太精美，你可能会舍不得下笔，担心自己写得不漂亮，配不上本子的精美而不那么自在。有时候你需要自由发挥，而仔细谨慎地下笔恰恰是一种束缚。你可以把活页纸或便笺纸放在你的常用包里，把记事本放在你的常用写作地点，它们将是你最主要的“储材室”，甚至见证你的成长。

我是一个有完美主义倾向的人。事实告诉我，朋友们赠送的那些牛皮封面的、大象粪便纸张的、印制精美的笔记本都被我收藏或用来中规中矩地写听课笔记了，而我最喜欢的、利用率最高的其实是活页记事本。就像穿衣服一样，平时我们穿得最多的永远是方便舒适的普通衣物，而那些雍容华贵、质量上乘的服装大多数时间都待在衣柜里。

因为不用刻意爱惜，所以随意；因为随意，所以自由。记事本和活页纸会为你带来很多便利，至少你可以避免有感而发时临时撕一块烟盒纸、抽一张面巾纸来记录某事的尴尬。更重要的是，它们可能成为你难得的心灵栖居地。

想象自己是一位任性的、思维开阔的、才华横溢的人，你下笔的每一处都可能是一条重要线索，你可以在纸上随意涂鸦，而不用担心是否把纸张弄脏，是否写得不够整齐，是否写得不够完美。

现在，看看你可以怎么使用它们。

你可以随时用它们记录一些重要信息。我们头脑中很多想法都是瞬间冒出来的，可能你喝着红酒的时候，突然想起了一年前去过的某个红酒庄园；你练着瑜伽的时候想起了某个身材超棒的私人教练；你看到地铁里的某个公益广告，突然想起了生活的不易……这些想法只是一瞬间来到而已，当你喝完红酒、练完瑜伽，走过那个广告牌，也许什么都不记得了，就像它们从未来到过，但如果你能有意识地捕捉到它们，并将它们装在记事本中，它们就会为你所用。我们经常说灵光一现，养成记录的习惯就能让你的灵光一直“现”在记事本中。

记事本还可以充当你的“生活笔记”。简单记录你的工作进度、每天见过什么人、做过什么事情、有什么想法、有什么结论、某个地址和电话号码，以及其他一些生活杂碎。

你也可以用它来掀起一次次头脑风暴。把头脑中现有的思路一一列举出来，然后归纳、整理、总结。即使是乱涂乱画也没有关系，或许经过这些毫无章法的涂鸦后，你会顿悟，一个困扰你许久的谜团瞬间被解开。

以上所有的这些都不需要大篇幅的记录。你只需要记下一些片段或关键词即可，但你要确保下次当你翻阅它的时候，你能识别它们，并很快回忆起其中大部分内容。

有时候我会在记事本中随手画一些小插画，同事在办公室吃饭的样子，我自己种花的样子，我烦闷时抽烟的样子（我想象自己会抽烟）……然后涂上丰富的色彩，图画马上变得生动起来，最后再配上几句有感而发的文字，就这样充满乐趣地打发掉了午饭后写稿前的无聊时光，而且得到了很好的放松。

除此之外，你的记事本中还可以夹一些相应的、有纪念意义的物品，比如某位重要朋友赠送的书签，你用金黄落叶做的标本，或是朋友们给你的赠言等。多年后的某天，它们可能为你带来某种更特别的感受。

开始一趟奇妙的旅程

writing

写作的过程有时候就像开启了一趟奇妙的旅程。随着主题的不同，旅行的方向和目的地也有所不同。有时欢快地穿过羊肠小道，有时豪情万分地跨越高山峻岭，有时小心翼翼地蹚过潺潺溪水，有时又好似迷失在森林中，沉醉不知归路……

为完成任务的写作是直奔目的地的赶路，不得不遵循某些规则，虽然偶尔可以驻足欣赏路边景致，却总会因为“天黑之前要赶回家”而留意时间，还要确保不让自己迷路，不让他人久等，而为自己提笔的心灵写作则是自己漫无目的的漫步，你可以时而驻足欣赏路边景致，时而感叹路途遇见的一切人和事，无拘无束，自由自在。

不管哪种旅行，只要你已经在路上，无论遇到什么都请继续走下去。翻山涉水，穿过大街小巷，用心体会所走过的路，然后写下最真实的感受。如果你在构建一个故事，旅途中还会有一群性格迥异的故事人物陪伴着你，就好像他们每天都和你生活在一起一样，让你不再孤独，但你必须站在一个高处，举着旗帜，带领他们前行。

一旦动笔就不要停下来，继续往前，去探究内心的真相。当看到满山红叶装点的秋色时，你可能会欢快雀跃，情不自禁地欢呼："噢，天啊，我居然爬到了最高处，这里真是太美了！""我从来没想过会走到这里！"这种心境让你一时忘乎所以，那又有什么关系？这些美景一直存在着，现在你爬到了最佳观赏地，看到了它们，它们就是属于你的。

很多时候，我边飞快地敲打键盘，边回忆某个有趣的细节或某人说过的某句话，嘴角自然无意识地翘起，写到开心处竟一个人傻笑出来，完全置身于自己的文字中。

当然，旅途中你也可以另辟蹊径。别人走过的路固然安全保险，但缺乏惊喜和刺激。不如试着探寻一个从未有人走过的道路。你能想象那条你走出的路某天会用你的名字命名吗？人生在世，偶尔应当疯狂一下，失控一下，用不同于平时的观点看事情，你会发现这世界并不等同于我们所以为的那样，还有更多的地方可走，更多的风景等待着你去发现。那么就让文字陪你一起疯狂吧！

我阅读过的稿件通常有两种比较常见的风格。一种读起来前后连贯，语句完整而通顺，没有错别字，标点符号运用得恰到好处。作者把所见所闻恰到好处地表达出来，让人赏心悦目。我常常感觉被它们带到了某个左右对称的人工景点，在那里欣赏能工巧匠们打造出的和谐之美。另一种文章语句简练、飘逸，却不一定通顺，常突出一种桀骜不驯，观点让人耳目一新。它们常将我带到某个未被开发的自然景区，那里虽然道路不畅、脚下坑坑洼洼，却有令人震撼的自然奇观。通常情况下，我宁愿花一些时间为后者纠正错别字，调整语句顺序，把它塑造成一个好作品。

很多人总说自己“文笔不好”，其实文笔好并不代表文章写得好。新思路、真情感有时胜过好文笔。

与作者相同，每位读者也会在文字中经历多次旅行。读者被你带到某个似曾相识的地方，他们可能会思绪万千，产生共鸣——“没错，就是这样！”倘若被你带到某个未知的地方，他们可能获得惊喜而产生更强烈的情感——“啊！原来还可以这样！”

我常给请教我如何写作的人举例，“地洞”是大家经常见到的，如果你在旅途中为自己的发现而雀跃，“这里有个地洞，大家快来看”，可能没有人会对此感兴趣，但如果你说“看！这里有个天坑”，我敢保证人们马上会好奇地凑过去看个究竟。“天坑”是什么？你是怎么发现的？当他们顺着你的视线第一次见到天坑时，会对你的探索精神竖起大拇指。

然而，谁说旅行就一定是满心欢喜的呢？当然也有触景伤情的时候。在文字旅程中，很多时候你会十指跳跃，反复斟酌，内心不停挣扎，而过往悲痛经历在脑海里如同电影慢镜头，反复回放。很多次我也曾写得泪流满面，但随着不断书写，存放负性情绪的行李箱不知不觉中一点点变轻，心头的重负被释放。

内心不安的时候，坐下来写

writing

“好吧！我要准备一支上好的派克笔，一个最精美的记事本，一台超薄笔记本电脑，然后到一个能带给我灵感，充满鸟语花香的地方去安静地写作。”

对于“准备工作”这件事，大多数人都非常乐意去做。然而，有时候准备工作做得太完美并不是一件好事，因为我们会把太多的热情和精力放在上面，而当正式开始写作时我们已经开始懈怠。

我想起了一位朋友，她非常兴奋地决定去健身，先到健身房付款办了一年期限的贵宾卡，然后花了一个星期的下班时间夜逛商场，为自己置办了两套健身服、一套瑜伽服、一双轻型运动鞋、一个运动包，还在网上买了一块瑜伽垫、一个漂亮的水杯、运动手环……如此大费周章地准备，后来她不过坚持了两个月而已，不是因为工作太忙就是因为锻炼太累。八个月后她开始在朋友中吆喝转让健身卡。其实她只是对“健身”这件事感到兴奋，而不是对健身运动即将为自己带来好处而兴奋。

写作随时随地都可以进行。在开始之前，你无须沐浴更衣焚香。你需要认真对待它，但不用把它看得过于严肃，否则你无法放松。写作不是目的，它只是一种方法。通过写作让你获得了什么，这才是最重要的。

“我确实写不好！”是的，你的文章不一定是完美的，不要提笔就拿作家的标准来要求自己，不要期望写出一部人人都称赞的旷世巨作来，你的文字不一定得到别人的认可，最终也不一定会发表，把它当成一次享受、一种放松训练、一个出口就好。

除非你是为了生计，否则就不要带着功利心去写。很多人生活得累，常常是因为自己的“自由心”被“功利心”打败。确实，写作这件事有的人有天赋，有的人没有；有的人勤快练，有的人不愿练；有的人相信自己，有的人不相信。

不用想太多，把心中所想变为纸上所见即可。提起笔，信赖自己的心灵，跟着它走。我有时候读到自己的文字会泪流满面，因为写的时候饱含深情；有时候又会激动万分，因为写的时候喜不自胜。

不要再说自己不会写。现在，你只是需要一个能让自己静下来的地方，书房、图书馆、咖啡厅、无人的走廊都是不错的选择，然后排除所有可能分散你注意力的事物。电视里的宫廷剧会诱惑你去想哪个妃子可能会得宠；电脑上的对话框不停闪烁，可能有人今晚会约你吃饭；手机软件显示今天股票暴跌，没准你已损失惨重；院子里昨天刚种下的花得浇水了……把这些统统屏蔽掉。现在，一切交给记事本或电脑，不要在刚练习写作的时候就挑战自己的专注力。

“可是，我已经把它们统统关掉了，仍不能静心，写不出东西！”外在因素排除了，但你的内心仍然是浮躁的。正因为浮躁，你更需要用写作来帮你平心静气。别急，安静地等待，等待自己慢慢平静，入门，渐入佳境。

写作时需要身体坐定，大体上呈静止状态。拿出纸笔或打开电脑坐好。此时大脑高度集中，身体其实是放松的。

你的大脑中，时而冥想，毫无声响；时而发生激战，硝烟弥漫。当然，写作的过程不一定总让你内心平静，你可能越写越悲伤，越写越激动，你可能会大哭、会大笑、会大骂，甚至会愤然离去……当你内心特别不安的时候，坐下来，把困扰你许久的问题都抓到纸上来，思路经历过一次或轻柔或生疼的梳理，你的内心会逐渐达到一种安宁状态，你的焦虑感会得到很好的改善。

找到并挖掘自己的宝藏

writing

刚开始，你会犹豫很久，毫无头绪，不知道要怎么下笔，你会为没有“灵感”而着急。没关系，继续保持这个状态。慢慢地，你会找到些许“线索”，键盘会敲得越来越快，思绪会在纸上快速奔跑。

现在这里是你的地盘，一切你说了算。这里不是考场，而且也只有你自己。你只是在写点东西而已。先在屏幕上敲出你的第一个字，把标题打上去，或是随便写下几个什么字，不要停，继续写下去。你可以随便想，随便写，随便涂鸦，然后慢慢展开情节，全身心地投入。开头并不像你想的那么艰难，虽然前奏久一点，但总会进入正题。

当写完整篇文章，你可能自己都不敢相信：“我怎么写了那么多？”“我怎么会写得那么好？”“我怎么会想到要写这个？”是的，你不知道，在写作时你头脑中很多积压已久的陈年老货被你挖掘和提取出来。

只有当你认真思考正在写的这件事时，它们才有机会重见天日。其实它们一直都在你脑海里存在着，只是平时你要处理的信息太多，根本无暇顾及它们而已，而这次你发现了它们，并重新建立了新的线索，赋予了它们新的定义。

你不知道你的潜力有多大，现在你提取的素材不过是冰山一角，被抓住的灵感不过是少数，更多的精彩内容都藏在海平面之下，那是你的宝藏。请给自己一点时间，耐心地等待惊喜一点点出现。

如果你为自己而写，更不要有顾虑，只要表达出自己能看懂的意思就行，你如何想就如何写好了。文字写得歪歪扭扭也没关系，有语法错误没关系，在这里诅咒、发泄都没有关系。它们都属于你写作的一部分。

写作很顺的时候，周围的一切都看不见，听不见，只有自己的思绪在流淌，写完后的感觉就好像做完活动后满身臭汗时冲了个温水澡那么痛快。最美好的事莫过于，最终你看到了一个能静下心来，最温柔、最想要成为的自己。

“我心里有很多想法，但是写出来却变了味，怎么办？”即使成功地写下了它们，你仍然有新的困惑。笔头并没有很好地表达出自己的心声，这种情况常有发生。

你看看我的第一本日记就知道我当时的写作水平有多差劲了，但我有十多本日记本，每年写不少于四十万字，几乎每天都在写。学习如何写作和做其他事道理是一样的，熟能生巧而已。当你写的次数多了，并懂得一些写作方法，自然就能积累经验，更自由地表达出自己的心声，更熟练地运用文字。

很多人不停地请教别人怎样把文章写好，也看过一些关于写作的书，但仍然没有进展，一是因为他们写得太少，二是因为他们只是在做手部运动，在写字而已，缺乏思考，用心不够。

小学时老师要求大家每天写一篇日记，不论是一篇文章、一段文字，还是仅仅几个词语也好，总之要把一页纸填满，否则第二天会罚站。同学们虽然极不情愿也只好服从。或许在你看来，这种完成任务式的写作方式不会有什么收获，后来我发现其实是有好处的，就像每次的作文考试，无论你写了什么，写得怎么样，只要动笔就能得分，若交白卷就一定是零分。因为当你提笔写时，你的大脑一定为此进行过思考。老师给的“鼓励分”其实是你应得的“思考分”。

现在，把你心里想的东西“用心”写出来，真实、坦诚地表达出自己的想法和情感。相信自己！

从当下的生活写起

writing

我经常诱导孩子讲故事，他总是有很多借口来对付我。“我不会讲！”“我不要讲啦！”“我要听你讲！”我知道他只是不知道从何说起而已。

于是，我随意找个主人公，然后用最老土的方法来开头。

“从前，有一只小猪……”我随口而说，然后装作突然忘记中间情节，又自言自语，“小猪和谁生活在一起呢？他们今天要去做什么？他最好的朋友是谁呢？”

很多次他都会中我的计。他居然顺着我的提问脱口而出：“那是一只贪玩的小猪，妈妈要去菜园里看蔬菜，他要跟着去玩耍，然后遇到了小猫……”

不知不觉中，他把整个故事独自编了出来，虽然情节简单，但也算完整。下次当我让他再编个故事给我听的时候，他仍然会对我说：“妈妈，我不会讲！”他不知道自己讲得有多棒！

我经常这样诱导他编故事，有时候主人公是小狗、小猫、小黄花等，他每次都完成得不错，甚至超出我的想象。其实，你的写作就像讲述一个故事那样简单。

有时候你不知从何写起，只是因为少了个出题的人。“到底写点什么好呢？”以前写日记时总觉得没什么可写的，因而常缠着母亲给我出题。依稀记得有一天她对我说：“你眼前看到什么就写什么吧。”

我抬眼看向写字台，视线停在一个英雄牌黑色墨水瓶上。“难道叫我写它？它有什么可写的？”我对此十分不屑。

“即使一个不起眼的墨水瓶也有可写的地方。它的来历、形状、作用，你还可以想象它会说话，用拟人的手法写它的故事。只要心中有故事，你看到的这些都是有趣的！”这番话从此搬走了我写日记时最麻烦的一块绊脚石。

是啊！所见即可写，就是这么简单！

现在，抬起你的头，转动你的脑袋，你看到了什么？你的目光最先定格在哪里就从哪里开始吧！窗外那片像狮子的云朵？雪白墙上被孩子弄得惨不忍睹的涂鸦？墙角那盆春意盎然的绿萝？书柜中那本最显眼的书？桌面上好朋友旅游回来带给你的纪念品？抑或是让你憋足了劲要填满的精美小记事本？

“以前我还真的没有仔细关注过它，居然这么有趣！”“这个东西真有点意思！”“这些人的生活真是太可怜了！”保持一颗觉察的心很重要。如果你尝试把所看到的东西都逐一思考一遍，我敢肯定你对生活的感受性会更强，今后你会更加留意以前未注意过的周遭事物。你会不断有所发现，不断收获惊喜。我也敢保证随着这个习惯的养成，你的生活热情和幸福感都会随之上升。

如果你有摄影师朋友，你会发现他们寻找美的能力要比你强很多，他们知道如何调动自己的感官，全身心地感受身边的事物。当大雨来临时，你可能抱头奔跑躲雨，而他却蹲下身子安静地注视地上即将形成的小泥坑。他随时都在寻找镜头下的独特与美好，哪怕是灌木丛中一只毫不起眼的小飞蛾、大树底下七零八落的镂空黄叶，甚至是草地上隐藏的那堆蚯蚓粪便……同是一片荒芜之地，你看到的是杂草丛生，他的镜头下呈现的却是大自然的独有神韵。当你看到他的作品时，你简直难以相信，你们所到的竟是同一方土地。

作家与摄影师大致相似。他们也会在普通的生活中寻找特别。他们会有更多的思考，不仅仅是寻找美好，也会关注到丑恶，并懂得使用一些修饰方法创作出自己独特的作品。

从当下的生活写起，所见所闻都是可写的主题。当你练习到一定的阶段，你的写作会进入另一个境界，即所想所悟。闭上眼睛，脑子里浮现出什么就写什么，此时主题会变得更加宽广。有时候我突然想起高中时那个常被学生捉弄的化学老师，有时候早上起床觉得昨夜的梦很有意思，有时候想到小时候奶奶唱着歌背着我上学的情景，有时候想到有些乡下亲戚生活得很不容易，有时候回味初恋时小鹿撞怀的感觉…… 无所不能下笔。

我常认为自己是一个内心细腻的人，因为我的内心早已经历过千百“题材”的历练。

列张写作练习清单

writing

如果你仍然无法想到合适的主题，你可以尝试下面这些练习。请尽量写出自己内心的真实感受，写得越具体细致越好。

这些主题为你提供了两周练习计划。你可以每天完成一篇，连续写两周的工作日，半月后你对写作可能会有新的感受。最重要的是，那时候你对自己、他人以及周围的事物可能会有更清晰的认识。

• 你吃过的某种食物

民以食为天，没有人会说自己不喜欢美食。从山珍海味到路边小吃，只要是你喜爱的都可以称之为美食。有时候我觉得享受美食才是真正的享受生活，特别是遭遇坏心情的时候，美食已不仅仅是简单的味觉感受，更是一种精神拯救。所以，怀着即将流口水的心情将它们写下来吧，越具体越好。

你在哪里吃的？跟谁一起吃的？它是如何烹饪出来的？你自己做过吗？它有什么来历吗？最近你有没有经常吃到？你可以肆意展开回忆、联想，穿越时空，来到童年，回到初恋时刻，甚至由此引发出一个煽情的情节。

好吧，就算你从来没有遇到值得写的食物，那么就写写今天的早餐（不要告诉我你今天没吃早餐，为什么不吃呢？这也值得你写写）。

• 你所居住的这座城市（乡村）

你为什么会生活在这里？你对这里有一种怎样的情感？你会怀着感恩的心态，还是无奈的心态来描述你所居住的地方？随着时代的变迁，这里是否有些变化？

我常常抱怨生活在北京压力太大，交通拥堵，空气不好，而小时候外婆家依山傍水的农家小院子经常萦绕在我的梦境中。那里曾是我的童年乐园，也是我长大后向往的世外桃源。我经常拿这两处地方做比较。直到有一天，家人希望我离开北京回家乡发展，那时我才第一次认真思考自己的去留问题，深深地感到我是那样的不舍，这里有我十多年的生活足迹，有我追求的梦想，有懂我的老师和朋友们，有我爱逛的街道和商场……我才知道原来自己平时的抱怨是多么口是心非。

如果让你现在突然离开当下的居住地，你会有怎样的感受？在你心中是否有你向往的彼岸？那是一个什么样的地方？为什么会让你心向往之？请写出具体细致的感受或故事，不要使用大而空的语句，不要泛泛而谈。

• 你深爱过的人

这个话题容易让你陷入深层次的情感表达中。

如果他（她）就在身边，你是否依然深爱？如果他（她）已远去，你是否还经常想起？

相爱总是美好的。还记得第一次见到他（她）时怦然心动的感觉吗？还记得那深邃的眼神以及迷人的微笑吗？有没有一首歌、一件物品、一处地方让你想起他（她）？你可曾为他（她）落泪？你做过哪些与他（她）有关的“傻事”？如果这些勾起了你对某个人、某些事的回忆，说明你已经找到了感觉。当然，你也可以写写你的暗恋感受以及你对这段感情的看法。

刻骨铭心有时伴随着撕心裂肺。你们之间发生过哪些冲突？为什么会分手？你有过怎样爱恨纠葛的感受？这些也可以写下来。重新面对那些痛彻心扉的往事，有时真的需要很大的勇气。然而，每段伤痛都值得好好领悟。刻意地忘却并不能帮助你获得内心的平静。不妨将过去式的爱情故事写下来，并试着有意识地描述此刻你的情绪变化。

• 让你感受强烈（或印象深刻）的一段回忆

从“我记得”开始，写一段回忆。闭上眼睛，至今为止让你记忆最深刻的往事是什么？它是什么时候，怎么发生的？它为什么会让你感受如此强烈，记忆犹新？

包括社会新闻，或发生在你身边让你愤怒、悲哀、兴奋、愧疚、恐惧的事。比如你曾错怪某人，让他蒙受了不白之冤，导致你多年的内心自责；你第一次为人父母，看到小生命降临时由衷的喜悦；有亲人离世，你第一次感受到生命在死亡面前的脆弱；看到留守儿童遭受性侵的报道，你对受害者的怜悯以及对施暴者的憎恶……

写下自己的真实感受，并发表自己的见解和评论。不用去想自己的言论是否得当，也不用考虑他人对你的评价，你只需要把当下的感受真诚地写下来即可。写完之后不妨问问自己：你为什么会选择这段回忆？它对你的生活有怎样的影响？

• 某句印象深刻的话

你是否经常想起某人说过的某句话，或曾滋润了你的心灵，或曾激起了你心底的仇恨，或曾阐明了深刻的人生道理，抑或是曾颠覆了你的三观？

这句话也许是他人不经意的流露，也许是对你语重心长地劝慰；这句话听起来也许很有韵味，也许很粗俗；这句话也许很有道理，也许有失偏颇……这都不重要，重要的是它对你产生了什么影响。现在你对它的理解还像当初一样吗？是否发生了变化？为什么会发生变化？

这些年，我与父亲的深度交流并不多，但他说过的某些话却对我影响很大。记得我六七岁时有一次提着小水桶和他一起浇花。晃晃悠悠走了几步后，我嫌桶太沉要“罢工”。他说：“你在心里数十个数后再放弃也不迟啊，看能不能做到。”于是，好胜心强的我数完十个数字，又多走了好几步。他又让我再数十个数，我又多走了几步，直到终点。我发现了自己的潜力——原来嘴上说坚持不下去时，身体是可以坚持的。或许父亲对这件事已经完全没有印象，但我记得非常清楚。现在每当觉得自己坚持不下去的时候，我都会想起他的话，在心中默念十个数又十个数，直到到达终点。

• 写你自己

有人说，最懂自己的人，永远是自己；也有人说，最大的人生难题是读懂自己。

当被问及“你是一个怎样的人”时，如果用十个形容词来描述自己，你会选哪十个词？如果让你写一本自己的传记，你最想重点写哪一部分，哪个情节？当你写下自己的过往和现在，以及对未来的期许后，现在，你最想对自己说点什么？把刚才想到的这些都写下来。

你很清楚眼中的自己是什么样子，如果你想知道别人眼中有一个怎样的你，你还可以听听朋友们怎么说，写出“他人眼中的自己”。这个题目不仅仅是一个写作训练，更是一场心灵游戏，完成之后或许你对自己有新的认识。前提是要对自己坦诚相待，可以用直觉写，也可以深思熟虑后写。放下所有顾虑，你只是在与自己进行一次亲密对话而已。

• 写你的梦境

当人们探索人的心理活动时，梦是一个不可忽视的领域。因此，把自己的梦境写出来是一件很有趣且有意义的事情。

大脑很奇妙，它会根据你的生活状态重组信息后编一个贴切你当前现实情况和想法的新故事给你。从精神分析的观点来看，梦是潜意识经过乔装打扮的呈现；从认知观点来看，梦有一定的认知功能，因为在梦中，我们的知觉和行为经验被重新编码整合，并转化为可意识的知识。心理学上的大多数理论都认为，梦反映了我们觉醒时的思维、幻想和情绪。

梦中常出现跳跃性的、栩栩如生的场景，实在是一种奇特的经历。有些梦境就像电影场景一样，构思非常巧妙，不可思议，科幻、动作、爱情、惊悚、喜剧……应有尽有。有些梦甚至以你白天的智商绝对构造不出来。

比如，在我的梦里，我时而长有一对翅膀在空中翱翔，时而化身侠女一身正气追杀坏人，时而和家人一起享受户外的阳光雨露。有一次，我在朋友圈很详细地描述了当天早上的一段梦境，很多朋友问我是不是开始创作小说了，并说情节超赞。

几乎所有人都会做梦，只是有些人不记得而已。如果不刻意回忆的话，很容易忘记梦境。不用担心，我们对梦的记忆是可以训练的。早上醒来时尽量闭着眼睛回忆，因为睁眼就破坏了它，接着快速写下来。要注意的是，虽然有些梦是琐碎的“白天的残片”，但有些梦反映出一个人当前关心的问题。如果不想自己被人看透，还是不要随便与人（特别是与擅长精神分析的心理学爱好者）分享你的梦。

• 写一个虚拟的故事

很多事在生活中不可能（或尚未）发生，但是在你的笔下，可以！

任何创造都是从想象开始的。想象是艺术工作者一项重要的能力，它让我们的生活变得与众不同。

构思虚拟故事的过程，促使我们的大脑主动进行丰富的想象，产生创造性思维。

现在，假如你的宠物小狗突然会说话了，原来它来自外星球，你们之间会发生什么？假如你生活在唐朝，你会过怎样的生活？假如你有一个化身，你的大脑能控制他的一切，会发生什么有趣的事情？假如你有一种特异功能，你希望是什么？

发散思维，尽情幻想，也许这种想象并不高明，那也不要紧。你也可以创造一个属于你的霍格沃茨魔法学校，赋予自己哈利·波特一样的魔法。除此之外，你甚至可以做个白日梦——幻想自己是个英雄，幻想自己渡过了某个难关。鱼在天上飞，鸟在水里游，想象越新奇越好玩。

幻想最大的好处在于它激发了我们的创造力，因为人们在想象的世界里产生无限遐想，什么都可能发生，然而从心理健康的角度来看，它也有很重要的意义。对大多数人来说，幻想和白日梦结合在一起，会进行积极的情感调整，减少攻击性。

• 写你眼前的一幅画

仔细观察你看到的墙上的壁画、挂画、书中的插画，将它们描述出来，然后尽量投入地想象：画中的人物在做什么？他为什么要这样做？他在想什么？如果是一幅风景画，这些景色带给了你什么样的感受？你的视线在哪一处停留的时间最长？你是否因此想到一些深层次的东西？就像小时候练习作文时的“看图说话”一样，试着就眼前这幅画写一个小故事。

你相信自己的潜意识吗？当人们的头脑中浮现出一个模糊的

情景时，对模糊情景的感受和解释会将自己潜藏的动机、冲突等投射出来。从心理学的角度来看，这是一种内心投射，能为你了解自己提供很多有价值的信息。这些画其实就是镜子，你可以通过它们看到你自己的内心。同一幅图，每个人看的侧重点不一样，心境不一样，所以描述也会不一样。现在回头再看你刚写下的故事，整个色彩基调是明亮的，还是灰暗的呢?

• 记一笔流水账

如果以上主题你都觉得困难，那么就从每天的流水账开始写好了。

日常一天：早上醒来、起床、洗漱，小区拐角处买早点，飞奔到公交车站，碰到老板，接客户电话、发邮件、开会……回家，筋疲力尽地躺在沙发上。你可以将它们一一写出来，不过最好是选其中一个时间段重点写，尽量描述具体细节，越具体越好。慢慢地，开始提炼其中值得写、有趣味、有感触的事情来。

如果这天你遇到了开心事、糗事、难过的事那就更好写。我的记事本中也常有一些流水账，但其中偶尔也有些小插曲，比如有几篇是这样的：

> 我站在地铁门口玩手机，车门关闭前的一瞬间，突然有人冲下车，把我也带了下去，接着，地铁开

走了，真是太囧了！

……最近要处理的事很多，这件事迫不及待地想做，但它必须排在后面。感觉就像站在心爱的人面前却压制住情感不去表白。希望待自己忙完这阵再去找它时，它还在那里，此刻的这份激情还在。

今天上午到姑姑家看一岁多的小侄女。看着她那嫩滑细腻的脸蛋儿，我忍不住要抱她，于是就强硬地把她从她爸爸怀中拉过来。小 baby 已经开始认生，挣扎着不让我抱。我就说："我偏要强……抱你一下！"话说一半觉得不对劲，但"抱"字已经说出口，只得硬着头皮把话说完。太尴尬了！

这样的生活小段子写起来感觉也很不错，而且下次读到时会很暖心。有时候，也许在鸡毛蒜皮的小事中也能淘到几根漂亮的鸡毛。你也可以把最近你听到的，最精彩、最八卦的事写来看看，甚至假装自己是专家，发表一下你的高见，也许装着装着，你真的成了专家呢！

让你的文字在笔下慢慢地流淌出来。不用着急，不用顾忌周围的一切，这片心灵栖居地只有你自己。可抽象，可具体，写废话也没有关系，但要确保你写的每一句话自己都能看懂，都念得通。无论现在情绪怎样，愤怒、难过，抑或是兴奋、开心，都不要停下来，直到语言枯竭。

在下笔之前，你可以用更多的时间思考，酝酿，也可以边写边想，从若有所思到若有所悟，每写一点都会有进步。写作会帮你变得更有内涵，更勇敢，更自信，帮你面对你曾不敢面对的事情，帮你表达出想说而不敢说的话。

重要的是，自由写作，写给自己，这里没有家长，没有老师，没有领导，没有客户，没有编辑，只有你自己——一个自由自在的自己。

不必赶走淡淡的忧伤

writing

抑郁和忧伤情绪有助于写作，毋庸置疑。当你哪天莫名有些伤感时，也许正是写作的最佳时机。

我的邮件十之八九来自读者和求助者。我有时会诧异于他们的文采。为了让我了解情况，他们经常下笔千言，几千字的长文一挥而就。比如回忆学生时代的伤痛经历、婚姻情感中的爱恨情仇、在钩心斗角的职场中艰难地存活……文章结构合理，语句流畅，情感饱满，有的甚至催人泪下。这大多都是他们在忧伤或情绪激动时的真情流露啊！

我常想，如果不发生一些触动内心的伤心事，如果没有那么深刻的情绪体验，他们能文思泉涌吗？写作效果有时候和情绪有很大的关系。也许你刚与某人大吵过一架，当你坐在电脑前时，你发现自己居然文思敏捷，因为刚才那一架让你的大脑处于亢奋状态，激发出了你的写作潜能。

当我感到忧伤或情绪波动比较大的时候，我会在内心不停地对自己说话，有对自己的维护与忠告，对他人的抱怨和指责，对事件的哀伤或惋惜……我会把事情翻来覆去地描述多次（当然，只是站在自己的角度），头脑中会情不自禁地浮现出很多疑问和叹息，如“为什么会这样？”“到底发生了什么？”“烦死了！”“我要怎么办？”“要不是……”当这种语句积压多了，就会在文字中爆发出来。当落在文字上时又会不由自主地“添油加醋”，文章就不知不觉变得饱满了。

人在忧伤时，孤独感陡然上升，而心情则沉到谷底，此时更需要文字陪伴。很多文学作品就是在作者极度忧伤的时候创作出来的。

《变形记》的作者卡夫卡在童年生活中就被剥夺了正常延伸自我的权利，孤独地在成年人中流浪，难以融入正常的人际关系，后来他在写作这个狭小的空间里宣泄自己被封闭压抑的能量。他觉得自己写得越多越解放。如果不写便会变成一个更蹩脚的六神无主、摇摆不定的人；如果不写便会被一只坚定的手推到生活之外。

我有一位做销售的理科生朋友，在与前妻离婚后的一个月里，他的人生走到了最低谷，也就是这短短的一个月时间，他写下了 20 万字的长篇小说。直到我在网上看到他的小说连载之前，我都不敢相信。

写作是一种内部语言运动的外化。从文字中我们可以看出写作者当时的情绪和想法。看看朋友圈那些忧伤的人，个个都是诗人、哲人、作家。

人不到伤心处，不能总结出人生的金玉良言。“没有牵挂便是自由。”“无话可说总比无路可走要好。”“我无奈地站在了一台开启的跑步机上……不跑就会摔跤。”翻看自己这几年的日志短句，这些可都是我伤心时的智慧体现啊。

很多人在情感上受伤后便不可遏制地想表达出自己的哀怨，又不愿自己被他人完全看穿，就会自主地选择一些隐晦句子表达自己当时的情绪，有时候是摘抄，有时候是原创。

有一位朋友在朋友圈发了一段忧伤的文字：“把真诚送给爱你的人，把谎言留给欺骗你的人，把微笑送给关心你的人，把背影留给漠视你的人……千万不要弄反，否则大家都会伤心。”感觉其中很有故事。后来了解到，她情感上确实刚经历了一些波折。悲伤情绪开始有助于她悟道！

是啊，人们在应对不利的形势，特别是面对那些一直困扰自己，而自己又不愿和别人谈及的境况时，写作往往能取得很好的效果。

更重要的是，当体验到不好的感觉时或有不良情绪的时候，你更愿意和自己倾心交流，文字让你不再感到孤单和无助，它们就像从你内心跳跃出来的另一个自己，陪伴着你，而这另一个自己或许是偏执或公正的、感性或理性的、友善或攻击性的，都由你自己决定。

最终，通过文字，你了解了自己，改变了自己，塑造了一个更好的自己！

预备，开始，持续

writing

• 预备

也许写作并不能使你成为一个好的作家，但一定能使你成为一个更好的自己。把写作当成一种习惯，你会受益良多。将写作形成习惯或许是一件困难的事，但如果遵照下面的步骤会让这件事变得简单。

首先，选择一个安静的环境。因为写作需要沉下心来进行，如果你的思路不停地被打断，你会变得浮躁不安，无法进入状态。一个不被打扰的安静环境，能让你的思路更加顺畅。

其次，设定合适的写作时间。找一个被干扰可能性最小的时间段写作，尽量每天固定时间，比如起床之后早餐之前、午餐之后工作之前或晚上睡觉之前的 15~20 分钟。每天都在这个时间安静地写作。

最后，选择一个擅长的主题。刚开始写的时候不要挑战不熟悉的领域，从你了解和擅长的领域写起。比如为你看过的书或电影写个简短的评论，描述一下当天发生的某件事，或是天马行空地编一个故事等。

好了，一切准备就绪，现在你最关心的问题可能是字数。以我的经验，300~1000 字最好，因为写起来轻松并能把一件事描述清楚，但如果你动笔困难，我会要求你至少把当前这一页写满。写作时除了文字，你还可以使用列表、图片、图标等表达形式。

开始练习写作时，目标不要定太高，用简单的文字把一件事说清楚就足够了，没有必要炫耀自己的文采，不要无病呻吟，也不要打官腔、说套话，但要写出自己真实的情感和想法，想到什么就写什么。

写第一篇文章时你会有漫长而痛苦的挣扎，你大概会花一半的精力在构思上，一半的精力在自我怀疑和否定上。其实，文章的好坏并不重要，重要的是你通过文字在内心完成了一次历练，你开始创作自己的作品了，无论它看起来怎么样，放轻松，你只是在练习而已，不是要写一篇参赛作品。

• 开始

如果你已经做好准备但仍在徘徊，不知道从何处开始下笔，那就从一些简短的、容易的和具体的事情开始吧。写之前请准备一个质量较好的写作专用练习本。下面是“三个五天自由写作”练习，完成它们，很快你就会上路。

第一个五天：起步

第 1 天：花 2 分钟时间写出你最喜欢的食物。它是什么？你为什么喜欢吃？你上一次吃它是什么时候？那是怎样的情形？

第 2 天：花 3 分钟描述一下现在的天气。天空是什么样的？空气如何？你有怎样的感觉？

第 3 天：花 5 分钟时间记录你今天做了什么。哪件事让你最放松（紧张）？为什么？

第 4 天：花 5 分钟的时间描述你眼前的某件物品。它的外形怎么样？有什么作用？它是如何得来的？你怎么看待它？

第 5 天：花 5 分钟时间写你现在所处的季节。你是否喜欢它？列举这个季节你做过或打算做的三件事。你为什么（会）选择这个季节？

连续 5 天，每天花几分钟时间做一些诸如此类的简短练习，慢慢找感觉。如果你想写长一点儿，当然可以继续写下去，跟着感觉走。

第二个五天：进阶

完成上面那些基本文字之后，你还可以尝试新的东西，把写作往前推一步，试试下面这些有趣的练习。

第 1 天：连续写 8 分钟关于你头脑中此刻浮现的任何事情。有什么就写什么，快速地写，时间结束之前不要放下笔。如果没有想到新的内容，就重复刚才的句子。不要管字迹和逻辑的问题。

第 2 天：花 10 分钟写下你当前身体的感觉，把注意力放在你此刻的情绪上，是平和、忐忑、喜悦还是紧张？为什么这样？把你的情绪和想法全部描述出来。

第 3 天：播放一首你喜欢的歌，然后花 10 分钟写下你的感受。你为什么那么喜欢它？它让你想起什么？哪一句的歌词或旋律是你最喜欢的？为什么？

第 4 天：花 15 分钟编一个小故事，以“在一个漫天飞雪的冬天夜晚……”开头，继续写下去，接下来发生了什么事？结果怎样？充分发挥你的想象。

第 5 天：“人生的过渡，当时百般艰难，一天蓦然回首，原来已经飞渡千山。”花 15 分钟写下你看到这句话的感受，以及你对它的理解。

连续 5 天，每天花 8~15 分钟做诸如此类的练习。它们会让你意识到自己身上从未得到关注的部分，呈现出你的真实感受。

第三个五天：入境

完成上面两个阶段的练习，写作对你不再陌生。接下来发自内心地描述你的想法和感受，不要担心看起来没有道理或逻辑，毕竟你是在为自己写作。

第 1 天：花 15 分钟时间介绍你自己，尽量能让别人从中更多地了解你。你不仅要介绍你的日常生活，更要写下你的为人，但不要有虚假信息。

第 2 天：花 20 分钟写下你生活中一段艰难的关系，无论这段关系仍在持续或已经结束。写完之后再从这段关系中其他人的角度再看这些文字，然后把你新的见解也写上，感受自己的情绪变化。

第 3 天：花 20 分钟写下你最近遭受过的某个小挫折，无论是生活中、情感上还是职场上。你当时的心情是怎样的？为什么会觉得受到打击？现在你怎么看待这件事？现在你的心情如何？（你可以用第三人称的视角去写。）

第 4 天：花 20 分钟写一封信给某个人，这个人也许是你一直想努力沟通的人，也许是某位在你心中占有重要位置的人。把你想对他说的话写下来。坦诚一点，不要退缩。写完之后，你可以把这封信撕掉。

第 5 天：对于前一天的信件，花 20 分钟时间通过角色互换的方式，站在对方的视角上给自己回信。如果你是对方，你会如何回复这封信？

在写作过程中，只有让自己只专注于此，让自己完全地投入字里行间，写作才会对你有益。这些练习能让你安静地思考，在一段时间内改变原来的观点，而在思考或交谈时很难做到这一点。每次写完之后留出足够的时间，回顾你写下的一切，感受自己有哪些变化。

• 持续

你已经尝试书写了 15 天，感觉怎么样？

做任何事情都一样，练习的次数多了才能驾轻就熟。提高写作水平最直接有效的办法就是多写，只不过你要让自己从心底喜欢做这件事，否则即使你遵从了“每天写作”的原则，也不一定有进步，而且你也会很痛苦，这样不如趁早停笔。然而，如果你认定了它，就要将它坚持下去。

可能你认为，自己无法每次坚持写作，因为你每天已经够忙的了，白天要工作，晚上要带孩子，周末还要约朋友、做美容、去运动，哪有时间写作？确实如此。

看看你周围努力的人们，有几个不是自称生活在“忙碌”中？又有几个每天能做到不聊微信，不刷朋友圈，不浏览新闻？如果一个你在意的人约你，你绝不会用“我很忙”拒绝对方吧！哪怕你真的 24 小时加班，也会想方设法溜出去见他（她）一面，并含情脉脉地告诉他（她）：“再忙也要和你一起喝咖啡！”如果你在意写作这件事，它就能被排上约会日程。坚持每天留出15~20分钟来写作吧！

很多人没有信心将一件事长此以往地进行下去，于是从开始就拒绝。可喜的是，还有一种坚持叫作“阶段性坚持”。这对我们同样有用。

你可以把这件事分成小段进行，比如规定从今天起往后20天坚持每天写作20分钟，以20天为一组练习，完成第一组练习后，休息几天后再进行第二组，做完四组后看看你是否有收获，以后每四组作为一个小周期。

值得提醒的是，一旦开始了写作，无论遇到什么情况都要执行下去。给自己设置一个严格的时间限制后，把自己“逼”出来，或许你会发现自己以前没被发现的才能。

忧伤并不完全是一种坏情绪，

有时候我们真的可以好好享受它，利用它。

如果我们受过的苦和罪不能帮助我们成长，

那我们真的就白白受苦了。

人不到伤心处，

不能总结出人生的金玉良言。

第六部分

治愈心灵的文字

情绪垃圾回收站

writing

最近，你可能遇到了一些烦心事，令你思绪万千或焦虑不安，这时你可以试试用一张白纸来解决问题。

先把困扰你的事情全部简明扼要地写下来，并进行编号。（写完之后你可能会发现，它们不过就那么几条而已，根本没你想象的那么错乱。）

接着，看看这其中哪些是你可以改变或通过他人协助能改变的，并在后面画上钩；哪些是暂时无法改变的，并在后面画上圈。

然后，认真地对待每一条画钩的事情，看看如何做才能改变现状，但要确保改变后的情况你真的能接受。我常常用这个方法帮助自己，这就像一个垃圾回收程序，能帮我理清思路，处理情绪垃圾。

现在，把这里想象成一个垃圾回收站，把所有的不安、焦虑、恐怖、担忧等统统从你的心里转移到这里，想象倒空这些麻烦后，内心的干净与轻松。

具体步骤如下图所示：

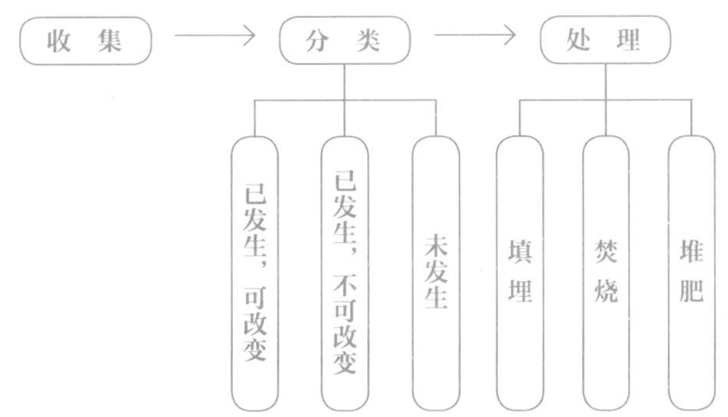

• 第一阶段：收集

分门别类地把困扰自己的事情写下来，接着表达出你的真实感受（或先写感受，再写事件）。例如，如果内心有种失落感，那么就回忆一下，最近发生的什么事可能导致你失落。

我经常听到有人说："最近莫名其妙地心情不好。""不知道为什么总静不下心来。"我不相信那些"莫名其妙"和"鬼使神差"的事，一定有某些人或某些事对你造成了影响。它们至少存在于你的潜意识里，你只是没有意识到，或是回避它的存在而已。

感受	事情
尴尬	演讲时说错话，被大家笑话了
郁闷	炒股赔钱了
心痛	怀疑爱人出轨了
不安	公司即将裁员
恐惧	即将做一个外科手术
……	……

当你写出第一条时，可能会有些不自在。不要放弃，继续写下去，而且速度越快越好，写到绞尽脑汁再也写不出来为止时，第一阶段就完成了。

• 第二阶段：分类

现在，把刚才写的这些错乱无章的事情进行编号，分类。

在这里，我把朋友们写的清单汇总，整理出一些造成困扰的典型事件。比如：

刚经历失恋；

总是不被爱人信任；

没考上理想的学校；

担心将来找不到好工作；

母亲过世；

身患疾病；

害怕地球爆炸。

然后，按对你的影响程度排列，来看看这六条倒霉事中排列在第一位的和最后一位的分别是什么。

接下来，看看哪些是已经发生的，哪些是还没有发生的，哪些是可以改变的，哪些是无法改变的，哪些是在他人协助下能改变的。

已经发生，可以改变的：总是不被爱人信任；身患疾病。

已经发生，无法改变的：刚经历失恋；没考上理想的学校；母亲过世。

没有发生的：将来找不到好工作；地球爆炸。

把这些困扰事件列出来后，我相信你内心已经没那么混乱了，接着逐条分析解决它们的办法。

对于已发生且可以改变的事，调动一切智慧和资源去改变，比如思考如何做可以改变不被爱人信任的现状，如何做能让身体尽快恢复。我始终相信只要自己有意向并努力去做，结果大多都是好的。

对于已发生但无法改变的事，分两种情况。一种是我们必须接受的，不可抗力的已发生事件，如亲人离世、自然灾难；另一种是虽然无法改变现有结局但对未来生活有启发意义的事情，比如这次没有考上理想的学校，分析原因并修正自己，会对将来发展有所帮助，所谓吃一堑长一智。

尚未发生的事情会让你产生焦虑感，一般也分为两种情况：一种是对未来目标达成的担忧，一种是杞人忧天。试着对前者中的目标做具体化分析，找到解决办法，比如降低期望值，提高执行力，或是向他人求助等。如果你每天都在焦虑情绪中煎熬，但又找不到缓解的办法，可能意味着你需要一位心理咨询师或精神科医生。

• 第三阶段：处理

当情绪垃圾分类整理后，接下来就是一一对它们进行处理。其中有些是可回收的，有些是不可回收的，具体有三种处理方法。

方法一：填埋

对于部分不可回收垃圾，可以将它们填埋。那些已经发生且无法改变的事情，其实很多都没有必要刻意去处理，只需深藏心底即可。相信人体有自愈能力，曾经的伤痛随着时间的推移，会在心中慢慢淡化，到最后它只是存在于内心而已，并不会对未来生活产生多大的消极影响。

很多人因为失去初恋哭得死去活来，可若干年之后，当他们已为人妻（夫），再提起往事时，都只是淡然一笑，那种痛彻心扉的感受早已烟消云散，有的甚至轻叹“年轻不懂爱而已”。只是一段特别的经历而已，不要刻意去想那些给我们造成伤害的人和事，更不要夸大和强化它们的负面影响。

方法二：焚烧

电影《少年派的奇幻漂流》里有一句话：“我清楚地记得那天的每一件事，可就是偏偏忘记了我们是怎样告别的。我猜人生就是一个不断放下的过程。但最令人痛心的是，没有好好地告别。”

如果有些往事对你造成了重大伤害，那么你需要想办法或求助他人与你一起将它们化解。也许找个安静的地方将它们化成灰烬是一个不错的方法。把焚烧当成一种仪式，和过去的沮丧告别，开始新的一天。比如，面对至亲的离世，几乎每种文化中都有哀悼仪式，葬礼、悼词、祭拜等，这些仪式让人们把内心的痛苦外化，让人们有机会宣泄哀伤情绪。很多人在心理治疗师的引导下与自己的“失去”告别，比如将自己对某个人或某段往事的感受和想法写下来，然后有仪式感地焚烧，做个告别仪式，在这个过程中逐渐接受现实，获得力量。

方法三：堆肥

堆肥是一种资源再利用的重要方式。其原理是将生活垃圾堆积成堆，在人工控制条件下使其中有机物发酵，而获得有用的物质，变废为宝。垃圾固然没人喜欢，但是自然界万物皆有用，人生中各种或好或坏的经验也是如此，你可以从一些悲伤经历中提炼出对自己一生发展很重要的价值，在缺憾、挫折和不完美中感悟生命的意义，然后幡然醒悟，成长。正如一个人不经历“失去”，不会懂得“拥有”的美好。

重大挫折对我们来说是一次挑战，但同时也是一次机遇。经历过伤痛后，有一部分人被毁灭，有一部分人生存下来，有一部分人恢复到从前水平，还有一部分人变得更强壮。就像尼采所说，那些不能打败你的终将让你变得更强壮。心理学家们认为这是一种“创伤后成长”。

并不是说创伤就是好事，或者苦痛不值一提。痛苦和煎熬的存够毋庸置疑，所幸的是，悲痛和成长可能同时出现。我们可以在这些遭遇中获得新的理解，把当下和过去联结起来，形成对未来新的计划和行动，从而改善自己的情绪和生活。

写下，已经是治愈

writing

一天晚上，一位读者因为婚姻变故而痛苦不堪，希望能跟我聊聊，而我当时忙于处理其他事，就让她把经历写下来留言给我，等我处理完手头的事再与她联系。我想，一方面我可以快速了解她的基本情况，另一方面她在写的时候心情也会慢慢平复。

第二天早上，我打开手机后，只听见信息提示音响个不停。我收到了三十多条留言，但仍没有整段时间给她。我不能让她打开心扉后再不负责任地把她晾在那里，而继续忙我自己的事。我告诉她，我会晚一点再联系她。

第三天早上，她继续留言给我，但平静了许多。后面有一条她这样写道："当我写下这些后，我好像突然明白到底发生了什么。"

在北京某三甲医院心理门诊实习期间，我发现其实很多人（特别是女性）已经懂得通过书写缓解压力。很多来访者（我不愿意称其为患者）带着日记来看精神科医生。其中一位二十多岁的女孩开口之前从大挎包里拿出十几个记事本摆在桌上。我翻开每一个记事本，里面记录的都是她书写时的心理活动。有的页面上很工整地描述某件事，有的页面歪七扭八地写了一个人的名字和愤怒的短句，有些页面被笔尖戳破，上面画了些我看不懂的符号。

她说："有时憋得太难受，没有别的办法就把它们写下来了。您看看吧！"我问写下这些之后感觉怎么样。她说写了之后感到很放松。现在很多人向我求助时，我通常也会让他们先把自己的故事写下来，然后再和我一起探讨。

是的，有时候仅仅是写下来，已经起到了治愈的作用。就像当你内心苦闷想倾诉时，你面前坐了一位心理治疗师，他仅仅是坐在那里安静地听而已，就已经帮到了你。因为你长期压抑的内心得到了释放，一直渴望得到重视的你现在得到了关注。

每个人一生都会经历很多故事，有的可以拿出来夸夸其谈，有的却不能与外人诉说。我们的心灵经历着无穷的体验，时而浅声低吟，时而咀嚼痛苦。

叙说自己的故事可以改变自己。因为你可能会在叙说中发现新的角度，产生新的态度，从而形成新的力量。故事不仅展示了我们是怎样的人，也同时塑造着我们将成为怎样的人。

把它们叙说出来吧，比如写一封信给自己或他人，为经历的某件事写个评论，把自己写入小说中，并对它重新诠释。在写的过程中，也就用心地审视了自己。

心灵写作是一次贴近内心的好机会，重点是没有外部干扰。写下自己痛苦的经历是一种文字“倾诉”，不需与心理治疗师面对面谈话，写的时候不用考虑任何语法拼写和构架的问题，就像和自己对话，随心所写。

你可以用不同的方式表达出来，并洞察自己的情绪，那些原本模糊的感觉逐渐彰显出来，逐渐被你意识到，你内心各种混沌和模糊的想法一一得到澄清。用一种积极态度回顾往事。无论你写下的内容是什么，好与坏，你都要接纳这一切。接纳自己，同情自己是理解和帮助自己的第一步。当你把那些经历换个视角重新编排，并按新想法叙说出来，你会发现一个积极的自己自然而生。（还记得前面那些“老板正在吃花朵”的故事吗？它可以是一个悲伤故事，也可以是一个励志故事。）

坦然面对自己的情绪。允许自己产生所有与事件相关的积极或消极的情绪，诚实地表达自己，把你的心和灵魂放在这页纸上。思考你将如何讲述自己的故事，在故事中关注了什么，如何解读细节。我有一些建议或许对你有用。

• 善用第三人称

逃避伤害是一种本能，很多聪明的求助者向我咨询的时候都用类似这样的开头：“老师，你说假如一个女生爱上了一位有妇之夫，他们俩很恩爱，可是道义上却……”当她讲到这里，我便知道，她正在讲述自己当下的故事。她不说穿，我也不会揭开。我们一起探讨爱上有妇之夫的主题，而不是她的问题。

直面撕裂总是很残忍的事，特别是面对创伤性经历时。用第三人称的方式讲述不堪回首的往事显然没有那么不舒服。更重要的是第三人称和自己的距离被拉开，你会像个局外者一样集中精力去听别人的故事，听得更清楚，而不是深陷其中不能自拔。

• 不要聚焦目前的问题

当前困扰你的问题也许并不是本质问题。即使这个问题得到解决，你仍可能继续受困，并没得到解脱。发现根源问题比解决当前问题更重要。

“爱人背叛了我，我到底要不要分手？”“我身材不好，至今没找到男朋友，要怎么才能减肥？”“如果我有钱的话我不会那样选择！我要怎样才能挣一大笔钱？”这些问题是你现在急切想解决的问题，但它们也许只是问题的表面，并不是根源。你首先需要思考的问题是：“爱人为什么会背叛你？”“你是否真的因为身材不好而至今单身？”“你遇到的问题真的是钱的问题吗？”

“从这些事情中，你学到了什么？”“经历过的事教会了你什么？”只有咀嚼这样的问题，才对你的生活有真实意义。

• 你的生命故事，绝对不止忧伤

我收到的留言和邮件十有八九都是伤心事，很少有人和我分享他们的快乐。我常开玩笑，他们只有伤心时才会想起我。其实很好理解，人们在快乐的时候往往不会有孤独感，不需要求助，更不会想到与文字为伴。

然而，养成记录美好事物的习惯，强化幸福感很有必要，比如经常有意识地记录一些开心事或最近发生的积极的、温暖的小事。

简单的写作，哪怕只是几句充满浪漫温馨色彩的对话，多年后它们会让你再次感动，勾起你对生活更多的热情，让你体验到更多的快乐。

完成一次精神上的宣泄

writing

有时候，我们中很多人低估了自己感受悲伤的能力，认为自己不应该痛苦，或是认为哭泣是不对的，不能让自己看起来过得不好，即使觉得自己就像生活在地狱中，在别人面前也会掩饰得很好，有些人甚至还是朋友、同事眼中很快乐的人。

他们往往希望自己在别人心中是快乐的、幸福的，并强加给自己一个“必须快乐”或“看起来快乐”的要求。小孩子高兴了就会开心地大笑，难过的时候就会流泪，大哭大闹——这才是真正的无忧无虑，可是当孩子长大走入社会后，由于各种原因而懂得了克制和压抑，慢慢地，他们学会了伪装，难过的时候不再哭泣，甚至用不自然的假笑来伪装快乐。

特别是一些男性，社会赋予了他们更高的期望，遇到挫折他们也“有泪不轻弹”。当他们想哭的时候也会压抑，不让自己哭出来。这也印证了写作治疗实验中的一项结论：相比于女性，男性更受益于表达性写作。

有些伤痛压抑在内心，看似平静，也许表皮下隐藏着脓水，每每不小心碰到伤口，就会疼痛无比。不如找个时间，安安静静地在伤口上轻轻地戳个小口，让里面的脓水缓缓流出来，然后小心翼翼地清理伤口，等待结痂，产生新的细胞，逐渐愈合。

把藏在内心的情绪表达出来，写出糟糕的经历通常可以缓解人们的精神痛苦，有助于治愈身体和情感上的创伤。当然，并不是当你拿起笔，一切烦恼即刻烟消云散。有时候我们可能不愿意去面对痛苦，而采取回避的态度，实际上，当你的故事呈现在纸上后，你会发现经历了一次次自我成长的挑战。

想哭和哭泣的感受不是最坏的，想哭却哭不出来才是最糟糕的体验。我的朋友们经常说要相约某天到山谷大喊大叫痛痛快快地发泄一场。一个朋友说自己已经试过了，但并没有成功。有一次，她特地一个人开车到山里找了个没人的山谷停下来，想要放声大哭，可到了那里她却根本大哭不出来。她说，也许是自己平时防御机制太强，总是有所顾虑。

写作正好给了他们一次难得的释放机会。写作让他们放下了伪装，认真地感受内心深处的情感，从而决定真诚地对待自己，理解自己的痛苦，并重新面对它们。

写作的过程会很痛苦，你在下笔思考的过程中，你的情感变得纠缠错乱，一次次陷入苦恼的泥团中，不可自拔，直到进入一个死胡同，然后产生无助感；你甚至还会写得泣不成声，感觉像遭受了再一次的打击，就像看了一部悲伤的电影一样难过，但是接下来你会一步步把事情梳理清楚，这些淤塞的感情释放出来，你的思想观念会发生变化，就完成了一次精神上的宣泄。

写作中，你可能只是描述了一部分，还需要提醒自己，描述出完整的过程，表达出自己的真实感受。感性地写满整张纸，痛哭流涕，之后你会重新思考发生的一切，但不要被自己的反应所吓倒。

要注意的是，不要在重大痛苦事件发生后马上去写，那样可能是一件很危险的事。如果你认为自己一个人无法面对和应对这一切，最好在心理治疗师的指导下进行。

给经历赋予新的意义

writing

试着写出自己的创伤经历，或最近发生的一件“倒霉事”。写出这件事的始末，问问自己：当时你的心情如何？你觉得这件事对你有什么影响？

当文字跃然纸上，只是完成了一部分，我们还有必要去思考每件事背后蕴含的意义。写完之后需要留一定的时间，回头看看你写的内容，再进行一次自我对话：现在，你如何看待这件事？它对你的生活有什么价值和意义？

人的一生中，也许会遇到重大心理创伤事件，如亲人离去，灾难突临，如果遇到这种十分可怕或悲伤的事，与之相关的记忆可能会伴随人们度过余生，但这并不表明人人都会因此产生心理障碍。

如果悲惨经历仅仅只是一种创伤，就意味着你将永远被束缚在创伤所引发的痛苦当中，而一旦陷入这种束缚，随之而来的便是无助、抑郁和生活的无意义感。

事情一旦发生就无法挽回，因此最好的处理方式就是平静地接受它们。接受不能改变的事实能更好地促进创伤后成长，相反，若用一种防御性的态度去应对，即对事件表现出否认、愤怒态度，则不利于我们积极成长。事实上，记住它们对我们来说可能是有益的，因为它们往往是我们生命的转折点，能重新定位我们的价值。这也就是前面讲到的垃圾处理程序中的“堆肥”。

心理治疗中“意义治疗法”的创始人弗兰克尔认为一个人在孤立无援地去面对某种无望的情景时能找出生命的意义。因为同一件事情里面不止一个意义包含于其中，找出其中对自己有帮助的意义和价值，能将绊脚石变成踏脚石。

苦难和挫折中往往孕育着希望和成长。重要的不是你经历了什么，而是你如何看待所经历的事，它们对你有何种意义。我有一种信念，自己遇到的任何事都是有价值的。我坚信这样，即使那些感到无法承受的事，我也会刻意去体会，并找出它的价值。当你明确地知道经历这些事后，你的内心便会更加强大。

有时候我会产生这样的想法：“情况已经这么糟糕了，以后再坏也不过如此了。连这么困难的事情我都能解决，还有什么我不能处理呢？”所以后来每当面临新的挑战时，或深陷某种困境中时，我的内心不再那么充满恐惧，有时反而有一丝“变态”的期待，我想知道结果到底会令我怎样。事实上，我现在经常感恩那些我曾抱怨的事，是它们让我不断站到新的高度。或许这就是为什么经常会有人觉得创伤没有打败一个人，反而成就了一个人。

在经历一些创伤事件后，你会发现，自己比想象中强大多了。和创伤抗争的过程改变了你对人生的看法。你的价值感上升，你更加自信，对情绪的控制也更加成熟。很多人身患重病后开始对人生的优先级进行调整，对自己该重视什么有了新的判断，更欣赏自己的人生价值，让自己活得更轻松，更享受生活。他们对以前认为普通、平淡的生活重视起来。对生活中重视的事情也会重新排序，比如更加重视与家人的团聚，而不是拼命赚取名利。

寻找创伤带来的益处以及建立新的意义能帮助我们重新认识创伤事件，看到希望，形成积极的思维模式。所以，当你写出自己的惨痛经历后，试着用一种更积极的方式去理解这件事，并感受和接受自己的任何情绪，比如“我开始有愤怒的情绪了”或者“我感到非常害怕”。然后，系统地重新分析这件事对你产生的影响，并用新的、积极的方式去叙述和评价这件事，分析它对现在和今后的人生的积极意义。

俄国作家陀思妥耶夫斯基在《死屋手记》中写道：“我只担心一件事，我怕我配不上我所受的苦难。”如果我们受过的苦和罪不能帮助我们成长，那我们真的就白白受苦了。

很多人无法写出自己的悲惨经历，是因为他们不能直视，无法面对。他们深知自己不幸，试图通过忘记创伤、隔离创伤的方式来进行创伤处理。他们希望通过这种方式达到“一切从未发生过”的结果，但事实上那些经历却无时无刻不在困扰他们的生活，从未远去。唯有那些深刻地记住它们、理解它们的人，能在寻找其意义的过程中获得平静和力量。

和内心的批评家谈一谈

writing

每个人内心都住着一个批评家。这个批评家可能在你很小的时候就已经悄无声息地驻进了你的灵魂。在你的儿童时期，生活中的其他人对你的态度和反应（比如表情、评价和对待）就像一面镜子，你通过这面镜子来了解和界定自己，并形成相应的自我概念（镜像自我）。一些重要的人给你的信念被你不假思索地接受。其中许多是正面的，对你后来的生活起到积极的引导作用，而其中也有些不合理的信念消极地影响着你的生活，它们就是你内心的批评家。

"你太瘦弱了，不能做那些事……""你要是个男孩就好了。""你太蠢了，永远也成不了大事！""你爸妈离婚，你太可怜了！"家长和权威人物发出的这些信息慢慢被你内化，并逐步根深蒂固。

不可否认，内心批评家发出的这些声音通常是善意的，或许出于对你的担心、同情或期待，但是它更多的是无形中控制了你的行为，扼杀了你的自主性和创造性，让你产生内疚感、焦虑感、消沉感、疲惫感，甚至对自我产生怀疑。

当你写下自己的故事后，你的批评家可能会指责你，鄙视你，嘲笑你，进而加重你的各种负面情绪（自责感、羞愧感、无助感等）。它劝告你，制服你，让你接受“本来就应该的样子”。比如它会对你说：“明知爱情不可信还偏偏要谈恋爱，你受伤是活该！”“学什么都没用，反正你这么笨！”“就你这样的人，不配过好日子，安于现状吧！”它使你生活在一个看似安全却痛苦的心理环境中。

现在，你已经成年了，有了自己的判断，可以检验并纠正这些信息了。

只是有时候你很难分清楚到底是内心批评家的声音，还是真实的自我觉察。所以你要时刻提醒自己，经常检验自己，到底是你真的不行，还是他告诉你不行。

比如你不愿意当众说话，可能是因为你很早以前就被认为“不会说话”。有一个声音告诉你“你说话大家都不爱听”“你情商太低”。于是，你不停地告诉自己：“我就是嘴笨，在这方面永远都差劲，为什么要浪费时间去和别人交往呢！不如就待在家里别出去。”你变得越来越宅，越来越不爱和别人说话，或许你并没有意识到，你只是有些害羞而已。

如果你能辨别出这个声音来自内心的批评家，你完全可以挑战这个信念。你可以问自己："谁说我情商低，不会说话，就算之前做得不够好，难道不可以改变吗？"

现在，你看着你写的这些文字，告诉自己："这不是我，这是我内心的批评家的声音。"然后找个安静的地方和他谈一谈，最好让他闭嘴。

如果他告诉你，你是个孤独的人。请告诉他，你并不孤独，这个世界上有人关心你，你甚至可以马上邀请朋友们喝茶聊天。

如果他告诉你，你一事无成，是个傻瓜。请告诉他，你并不傻，然后列举几件成功经历，让他知道你实际上有多优秀。

如果他告诉你，遭遇了这些经历，你太不幸了。请告诉他，这并没什么，这经历也让你有所收获，把收获一条条列举给他听，并且告诉他，你的生活中还有很多幸运的事发生。

……

你的声音要比他更大，你完全可以说服他。你只有不停地反驳他，你才会逐渐变得自信。他的存在也并非完全没有意义，和他的每一次谈话都是一次突破，所以你也没有必要把它完全逼退，而且，毕竟他的初衷也是为了你好。

不管来处，只问去处

writing

每件事总有它存在的理由，如果深挖，每个“果”总能找出一个或几个“因”。找到“因”能让你更好地理解这件事，但并不意味着你能将这件事更好地进行下去。

“要不是小时候发生那件事，我不会破罐子破摔，也不会有现在的暴脾气！”

“要不是前夫的背叛让我伤透了心，我不会这样对待孩子！我控制不了自己！”

很多人现在生活得不好是因为他们总活在过去。比如，有一位朋友哭诉生活紧张，不被理解，身心疲惫，常找我要建议，却又总是固化在自己的思维模式中。比如：

“你可以和丈夫沟通……”

“没用！自从发现他和那个女人的事后，我就不想搭理他，我跟谁都不想说话！”

“孩子也大了，成绩不错又懂事，也不用你太操心！”

“我怎么不操心！要不是为了孩子我早就离婚了，也不至于现在过这种日子！”

“心烦的时候，你可以和朋友们聊聊天，散散步。”

“和朋友散心？我这么多年来一个朋友也没有！”

总之，她的经验告诉她——无论怎样都不行！现在就这样了！

她知道这样维持现状并不好，但又总停留在这个现状上，是因为她找到了造成现状的“原因”，即“丈夫出轨导致了她不愿与人交流”“孩子的存在导致她现在委曲求全”“没有朋友导致她无法散心”。

还有一位女生在剖析自己时，也找到了导致自己常常紧张的“原因”，她写道：“小时候弟弟出生导致了我的不安全感，所以我很怕失去身边的人，经常会紧张，一直以来跟好几任男朋友的关系都处理得不好，我不知道要怎么办。”这个逻辑就是“要不是我妈妈生了弟弟，我不会这么没有安全感”。可是，就算当年妈妈没生弟弟，人生真的就会不一样吗？

他们看到了过去，也看到了现在，却忽视了未来。这种“因果论”无疑对未来发展没有积极作用。经历会对人们产生很大影响，但并不是绝对的决定因素。比如童年创伤确实对一个人成年后的发展有很大影响，但并不是所有经历过童年创伤的人一生都活在阴影中，永远不幸福。

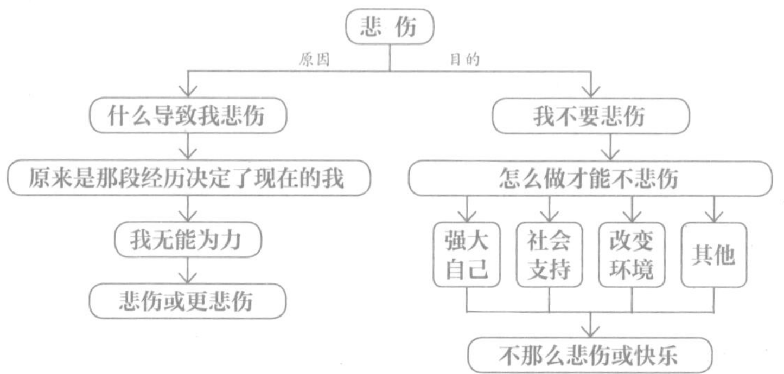

很多时候，很多事是由我们的态度决定的。如果你内心不想改变，就会找各种理由拒绝努力，而听起来最合理的理由当然是过往的经历。这就是心理学上所说的“因果论”。

与之相对的“目的论”在这个问题上显然要积极多了。我们无法改变过去，但是可以改变未来。如果你想改变那就只管去变好了。很多人说：“我控制不了我自己，因为我生来就是个急脾气。”我问他们：“你真的试图控制过自己吗？”“情绪上来的时候谁会想到去控制？自然就发生了啊！”有人争辩道。

“如果我给你一个亿，让你一年之内不要动怒，你试试看？”我继续问。

然后，大家都默不作声了，似乎对控制情绪有了信心。如果你力图拿到那“一个亿”，就一定会想方设法克制自己的怒气，比如深呼吸、转移注意力、改变认知、坐禅……而不会总去想“我生来脾气就这样”。

面对自己的故事时，如果多想想“我为什么要改变现状”“怎样做可以更好”，而不是“很多事已经决定了我这样”“现在只能这样了”，你的生活会变得更积极。

如果你的文字中也出现了“要不是……我就不会……”的句式，不如将它们改成“因为我想……所以我要……”，比如，“因为我想要改善与他人的关系，所以我要积极地改变自己，学习一些与人相处之道”。同时，你也可以将它们改成积极的“虽然……但是……”句式，如“虽然我当年学习没用功，没有拿到高学历，但是我仍可以努力学习，依然可以过上好日子”。

没有什么是不可理解的

writing

怀着理解的态度去对待周围的一切事物，你的情绪会变得更平和，生活会变得更快乐。当然，你的文字也会更有价值。尽管你认为这个世界上有很多人和事“不可思议”，但它们的出现和发生一定是有其原因的，没有所谓的“无缘无故”。

要理解一个事物，最好的办法就是找出它的缘由。人的行为由态度决定，态度由背后动机决定。你理解了动机，才会接纳行为。而接纳意味着能与之和谐地相处，无论是针对自己、他人或是这个社会。

很多人对事物的第一反应是“哦，它是这样的”。这只是看到了表面，若只停留于此就无所谓理解了。就如对待逃学的孩子，你之所以愤怒、谩骂，是因为你看到的只是他的行为，你并没有关心他为什么有这样的行为（内部动机）及外在环境，由何导致，更不会知道他有多么需要你的帮助。

我们头脑中已有的知识经验网络，会影响大脑对相关信息的加工过程。这些已有经验网络在心理学上被称为“图式”。当新获得的信息与原来图式不符时，你可能会感到惊讶、不信或是抵触、不接受，认为“不应该这样”，但如果你进一步去想“它为什么会这样”，便有利于图式内容添加更新，形成新的认识。

每次同学聚会，大家聊起某位女同学时都一阵唏嘘。此同学离异后独自抚养女儿，大家都知道她生活不太容易，也都愿意帮助她。然而，她却伤了很多人的心。几年前她说自己生活不易，做生意需要资金周转，并信誓旦旦地说很快就会归还。大家纷纷向她伸出援助之手，从几千元到几万元。后来大家了解到，原来她借钱是为了还赌债和高利贷。不仅如此，她还输掉了房子。

当然，她并没有能力归还大家好心借给她的钱。当有同学问起时，她只能往后拖，然后就是不耐烦，最后干脆躲债消失。最让人想不明白的是，她消失前把女儿扔给父母，还把父母的电话透露给了债主，弄得家里鸡犬不宁。

她的生活在我们看来就是一团糟。有人说她太坏，太无耻，不配做母亲，也不配做女儿。我虽然也讨厌她，但也会同情她，因为我知道她有怎样的父母。

她从小在父母的各种打骂中长大。她的父母都无业且都嗜赌，平时从来不管她的学习，但她每次考试考差后都会用最恶毒的语言骂她。记得高一时，她被汽车撞了住进医院，母亲居然当着我和其他几个同学的面骂她是“没用的婊子”“怎么不被车撞死”。听得我们面面相觑，这哪里像一位母亲对女儿说的话！

有时我想，她在这样的辱骂声中长大，真是不容易。她从小没有体会到家庭的温暖，没有人教她如何做人。她没得到过爱，也不懂得如何爱。在这样的成长环境中，耳濡目染，成年后的她的所作所为就不足为奇了。

我相信每个正常人（除了某些有人格障碍的人）都是希望自己积极地实现自我，并得到社会的正面评价。如果换个成长环境，或许她不会这样。

所以，即使是那些困扰到你的人和事，你也应该问“为什么会这样”，并力图找到背后的原因。那样，也许你的困扰会消失，内心会释然。当然，有一个重要的前提是，相信“人本善”，并有自我实现的需要，只要有适当的环境，就会力争达到某个积极的社会目标。

婴儿哭闹吵到了你，是因为他们不舒服，也许饿了、疼了、要睡了。他们只是发出一种信号引起你的注意，实现自我保护。

疯子对你动手动脚恶心到你，是因为他的大脑器质异常而无法控制自己的行为。他们在这个世界上只是活着而已，或许根本不知道自己侵犯了你。

即使罪大恶极的罪犯，很多都是因为他们首先是受害者，由于内心的长期压抑，导致心理问题而转变成施暴者。那些患有精神障碍（人格障碍、品行障碍、反社会行为、自杀等）的人，很多在童年时期都遭受过创伤。

这个世界，每件事的形成总会找到相应的原因，没有什么是不可理解的，只是你知道的太少而已。当你意识到并找出他人行为背后的经历、立场、处境等之后，你才算了解了完整的故事。

一位求助者与我那位女同学有同样的成长遭遇。我让她写下了自己的童年经历。她一直认为自己是在母亲的祸害中长大的。母亲脾气不好，动不动就用最难听和恶毒的话骂她，诅咒她。“有时候我恨不得递给她一把刀，让她直接把我杀了！”她们的关系从来都不好，很多时候她也用同样的恶语回敬母亲。

写完这个故事后，当她思考母亲为什么要这样做时，她突然发现：“她比我更不幸、更艰难，至少她没有像外婆对她那样对我，或许她一直都在控制和改变自己，努力减少对我的伤害。”

很多时候，有些人就一些经历痛苦、怨恨，唏嘘不已，是因为他们思考得太少。人的情感有时候错综复杂，但可以一码归一码，你是否能做到“我痛恨他，但我理解他”“他的行为令人发指，但他的经历也值得同情”“我悔恨自己，但我理解自己”？

反思书写中的真假虚实

writing

最近有一件事让你很苦恼，所以你决定写下来：

上个月我找朋友谈合作。我们约好了周三中午十二点整到西直门一个商场的茶餐厅边吃午餐边聊。这个计划是我提出的，所以我提前十五分钟就到了。当时我已经很饿，一边准备待讨论的资料一边等他。可是到了十二点一刻，他仍然没有出现，于是我就给他发信息，他却不回复。我又耐心等了一刻钟。十二点半时打电话给他，他居然不接我的电话。我已经饿得不行了，但仍坚持等他到了一起点菜。又过了十分钟，我再次给他打电话，他还是不接听，我打电话到他的办公室，他同事也不知道他去了哪里。太不负责任了！不管怎么样，来还是不来，总得给我一个交代吧！第二天他仍然没回电话给我。我很不喜欢这种莫名其妙爽约的人，从此之后把他列入手机黑名单，与他老死不相往来。

很巧的是，刚好有另一个人也写下了和你同样的苦恼：

上个月我约了一个朋友见面聊合作。我们约好了周三中午十二点整到西直门一个商场的茶餐厅见面。那天上午我处理完手头工作才发现已经到了十一点半。我急匆匆地跑出门，打算拦一辆出租车，却没看到身后一辆疾驰而来的大卡车，瞬间我被卡车撞飞，倒在了血泊中，完全丧失意识，幸亏被及时送往医院才捡回了条命。我在医院迷迷糊糊躺了三天。后来我想起赴约那件事给朋友打电话，但朋友总是不接我电话。

读到这里，你可能会想："这个故事太假了！"没错！这是一个虚构的故事，但是这个世界上类似的事情却很多。很多事情我们不知道真相，不能客观地描述，而是带有主观色彩地去猜测、评论，因而错过了很多生命中重要的东西，而且我们还因此陷入一些负面情绪中，产生仇恨和哀怨心理。

你对事情的看法决定了你的态度，进而引发你的情绪后果。

我们都生活在自己的主观世界中，也正因如此，我们才多了很多烦恼。

在心灵写作中，我们既要自由感性地表达自己的情绪和情感，也要懂得回过头客观中立地看待整件事，因为这有助于你看清事情的本质和真相。写作的时候尽可能地描绘客观事实，而不是你所认为的那样，“朋友没有接听电话”和“朋友不接电话”是两个不同的概念；同样也不要把客观事实和你自己得出的结论相混淆，“他爽约了”和“他是个不负责任的人”也是两码事。

主观常常意味着片面，因而抽离出自己的主观想法再看待事情很重要。安静的写作中往往能清晰地暴露出你内心真实的信念和态度。我们有必要打破思维中一些固有的框框，比如下面这些。

• 猜测性的表达

“他们一定不喜欢我！”“我父母不会同意的。”

很多时候，你自以为知道他人的想法，或是代替别人回答了你自己的问题，其实这只是你的主观猜测而已。猜测性的语句在文章中往往是站不住脚的。

没被证实的列举或论证往往会带来错误的结论，特别是当我们以成见去观察和判断周围的一切时，必然歪曲事物的原貌。如果你的文章中有类似这样的语句，有必要将它们画出来重新思考。

• 绝对化的表达

“他不应该这样！”“我必须这样做才能……”

如果你以自己的经验来认定所有的事情，这样看事情必定是片面的。一些人在文章中使用“永远”“不可能”“绝对”“从不”这类绝对化词语的频率很高。在我看来，这样的人一般比较偏激和强势。

人们常常在愤怒或悲伤等负面情绪中用这种词汇表达自己强烈的情感体验，比如当你抱怨他人对你不关心时，你可能会脱口而出“你从来不关心我”，可事实真是如此吗？这样恰恰对自己是种不好的心理暗示。

• 因果混乱的表达

“因为你对我不好，所以我懒得工作。”“我是对的，所以你是错的。”

一个原因可能导致很多结果，一个结果可能由很多原因导致。你认为一件事导致了另一个结果，其实可能二者毫无关系，比如，“你对我不好”真的是构成“我懒得工作”的原因吗？还是有其他原因导致你懒得工作？再比如，在某件事情上，“我是对的”，并不能推断出“你是错的”这个结论，或许你们的观点和态度原本是可以并存的，又或者你根本就是不对的。

• 自我设限的表达

“我没有能力……”“我就这样了。”

有的人彻底被内心的批评家劝服，喜欢在文章中写一些消极的话语，而且已经形成习惯，很多事还没开始尝试就已经断定“不会”，究其原因，主要是自我价值感不足。

自信是一种积极的人生态度。一个人有自信并不意味着他没有烦恼，而是意味着他有足够的力量来处理人生中的烦恼。对一些困难的事情你可以选择挑战和妥协（放下），但如果你把妥协当成一种习惯或理所应当的选择，就不要抱怨生活的不易。不如把这些消极语句换成“我可以试试”。

• 消极关注性表达

“我学那么多东西有什么用，还是找不到一份好工作！”“我付出那么多努力，但还是失败了！”

人们使用“虽然……但是……”这类表达转折关系的复句时，常把重点放在“但是”之后的内容，如：“虽然我很成功，但是女朋友并不喜欢我。”如果事情总有好坏两个方面，何不把好的方面放在“但是”之后，如“虽然我女朋友不喜欢我，但是我很成功”“虽然我失败了，但是我努力了”“虽然暂时没找到好工作，但我学富五车，一身学识总能用得上”。或许换个语句次序会让你换个心情。

对言语和行为上积极、正性的方面予以关注，是拥有积极的价值观，改变自己的内在动力。

• 高强度贬义词表达

“他是个非常歹毒的人！”“这是我的悲剧！”

心灵写作还要注意慎用高强度的贬义形容词，否则你的负面情绪体验会更加深刻。所有的字词句，你写一次它们便得到一次强化，除非你在情绪特别激动无法自已时要发泄，否则我建议你对一个人或一件事做负面评价时，尽量使用温和一些的词汇。

比如，当你刚和某人吵了一架，特别生气的时候，你可能用哪些词来形容对方呢？试着体会“不好、不友善、对我不好、坏、脾气坏、心肠坏、歹毒”这些词。有些情况下，说出的话会伤到对方，写出的字会伤到自己。如果你在与他人发生冲突对峙时，动不动就拿出杀伤力最大的武器要将对方置于死地，那么你们的小冲突随时会变成一场恶战。

如果想判断一个人的个性，大概可以从文字中看出一些端倪来。上面这些框框，哪些是把你框在其中的呢？你意识到它们的存在了吗？

纸笔是一个让人静心的写作载体，

你可以通过它进行自我对话。

控制情绪并不等于强压怒火，

最好的办法是从心底转变对事情的看法。

一个人最渴望的是他（她）当前最需要的。

第七部分

内心私密对话训练

内心深度对话练习

writing

我是谁？我从哪里来？我要到哪里去？

深度对话是为了更客观地了解自己，加深对自己的感情，通过自我概念实现自我引导。自我概念是一个人对自我存在的觉察，即认识自己的一切，包括自己的生理状况、心理特征及与他人的关系。有时候，你认为自己是一个怎样的人比实际上你是一个怎样的人更重要。

深度主题写作能引导你进行自我探索和自我评价。我们与他人的交流也是一样。很多人交朋友交谈很久毫无进展，是因为他们每次交流的话题都不够深入，每次问“今天吃了什么”“你去哪儿玩了”这些浅显的话题。如果想进一步了解对方，拉近彼此的关系，就要切换话题，比如，“你最近一次哭是什么时候”“你最宝贵的记忆是什么”“谁对你的人生影响最大”。这些话题能直入心灵。

请用30分钟时间完成下面每一项深度对话。不要担心错别字、标点符号、语句不通或前后逻辑问题。

一个人独自把心敞开，慢慢地私语。写完之后，你可以自己保存，也可以马上撕掉。当然，如果你愿意，也可以和我分享你的写后感。

• 自我深度对话

和自己对话，找一个安静、不被打扰的时间和空间，思考自己的过去、现在和未来。

1. 我生活得好不好？现在的生活状态（包括学习、工作、生活、爱情或婚姻等方面）怎么样？当前最深的感受是什么？为什么？

2. 我上一次开怀大笑（失声痛哭）是什么时候？当时有怎样的感受？你怎样看待当时的情形？现在的感受如何？

3. 我的爱情生活怎么样？怎样看待爱情？想到现在这段（或刚结束的那段）感情时有怎样的感受？

4. 我的梦想是什么？为什么会有这样的梦想？我现在离它有多远的距离？想到它时内心怎样？

5. 我（曾经）最痛恨的人是谁？发生了什么事？你认为他为什么要那样做？你现在怎样看待这个人？

客观地描述刚才内心中的对话，不去评判，不要害怕自我揭露，关注自己的感受。

• 对自己的评价

在纸上写出从小到大你听过的身边人对你的所有评价，包括认同、赞扬、恭维、指责、抱怨甚至数落等。这通常需要花你较多的时间。

把你想到的这些词写下之后，回想它们是在什么情景下说出来的，当时你有怎样的感受，说话者有怎样的立场和目的。你自己怎样看待这些评价？哪些与你的自我评价相符？哪些不相符？为什么？

接着，用五个词汇来评价自我。写下它们，再看其中正面词汇有哪些，负面词汇有哪些。然后用正面词汇来替代其中的负面词汇，如用“不太自信”替代“自卑”，用“缺乏耐心”替代“急躁”等，然后在每个词汇后面写一段相关小故事以及你对它的看法。

• 趋利避害

人都有“趋利避害”的本能，所以在每一件事上，都会自然权衡。权衡后的结果就是内心做出的决定。然而，并不是每个人都能清晰地知道什么是“利”。有些事你喜欢做，但从长远来说对你是不利的，比如你的利益侵犯到他人，有一天你要为此承担责任。

或许你曾希望抛个硬币来为你解决问题，其实在硬币被抛起的那一刻你的心中就有了答案——“我希望正面朝上”。你知道内心需要什么，只是不够自信，想要听到肯定的声音，害怕自己失误。

我是该辞职呢，还是该在现在的公司继续待下去呢?

到底应不应该和她结婚呢?

到底要不要出国学习呢?

写一件当前让你难以做决定的事，再列出应该或不应该这么做的全部理由和利害，让正反两方面的理由同样充分，最后逐一权衡，得出结论。

自我探索心灵游戏

writing

You are what you write. 你有怎样的心理状态就会写出怎样的文章来，或是你写出怎样的文章往往也能表露出你是怎样的人。通过一方白纸，让下面这些心灵小游戏帮助你探索自己，了解自己。

你写的内容只有自己能看到，如果你愿意的话，也可以与你值得信赖的人分享；在写的过程中，不要对自己有任何评价，只管自由地书写；给自己规定一个时间段，15 分钟或是 20 分钟；一旦开始写，就不要停下来，时间到了马上停笔。

• 我是谁

当我问起“你是谁”时，你会如何描述呢？你是一个怎样的人，写得越多越好，越详尽越好，不低于 20 个词汇或句子。

如果你实在不知道如何写，那么有一些提示：现在，假设你向别人做自我介绍，别全是交代基本信息，比如“我是男生，我住在北京市，我有一份稳定的工作……”只写这些信息并没有多大意义，最好深入一些，讲你的独特性在哪里，哪怕你说“我是一匹来自北方的狼”。

• 自我探索

当你写完之后，看看自己写的速度如何，是一口气就完成了，还是句句斟酌？你写的深度如何？是不是都在介绍自己的表面信息？是对自己了解不够，还是不愿意袒露？

这些词汇中，正面词汇多，还是负面词汇多？如果负面词汇多，说明在一些方面你还不够自信。每个人身上都有优缺点，若全都是负面的或正面的，说明你对自己的认识不够全面，要么自负，要么自卑。

再看看这 20 个词汇或句子，有没有都针对同一主题，如果有，那么这个主题可能是你当下最关注的事物，而你平时并没有意识到。

• 我想要的生活

如果你能够创造自己想要的生活，它会是什么样子？你会成为什么样的人？你会和什么样的人一起度过一生？你想住在哪里？你会做什么类型的工作？对你来说最重要的是什么？看完这些问题后，闭上眼睛思考5分钟，在白纸上写下你脑海中的一切。

• 自我探索

写完之后休息5分钟，再看你刚才写下的文字。写的时候你有怎样的感受？振奋、开心、沮丧或是其他？为什么会有这种感受？看看在你的文字中哪一主题上着笔最多，自我、工作、爱人、家庭或是其他？

"心灵写作"小组的一位朋友写了她想要的生活：

> 我想做一份策划类或者设计类的工作。我希望有一座带大大的落地窗的房子，家里养着一只加菲猫。和一个志同道合的人生活在一起，他喜欢旅行、摄影，周末的时候我们漫无目的地闲逛，在夕阳的柔光里看书。我希望他温柔细腻，能够包容我偶尔的小脾气，最重要的是我们有相似的生活态度和人生目标，而且我们彼此能和对方的父母亲和睦地相处。

一个人最渴望的是他（她）当前最需要的。可以看出她的写作重点在“与一个志同道合的人生活”上，但她自己并没意识到这一点。

• 假如我是……

或许这个游戏有些老土，但我仍然觉得有必要现在思考：如果你不是人类，而是某种动物或植物，你会选择哪种动植物？在纸上写下此种动植物的名称。

• 自我探索

想一想，你为什么会选择这种动植物？它和你有什么关系？是你的特质像它，还是你期望有它那样的特质？你怎么看待这种特质？你可能用“兔子”来代表自己，因为你觉得自己很可爱，很活泼；或以“猪”来形容自己，因为觉得自己很懒惰；或以“狗”来代表自己，因为觉得自己待人很真诚。

有一位朋友说：“自己像向日葵，因为向日葵总是向着阳光而生长，我也是这样。即使遇到再不好的事情我也会让自己尽快好起来，向着阳光的地方奔跑。”

还有一位朋友这样写道：“如果是某种植物，我想成为一棵大树，不纠缠不埋怨，站直了，既能沐浴春风阳光，又能笑迎雪雨风霜，四季轮回不卑不亢。为什么这样想？因为有时候人太脆弱，脆弱得像一棵无名的小草，别人看不见，自己能力又有限，对一些人一些事既做不到无视又无力改变，所以常常悲哀、无奈还心酸！”

• 生命中重要的五样

请想一想你生命中最重要的五个人或五件事，然后将它们一一写在纸上，并想想为什么他（它）们对你来说那么重要。然后，你要从这五个（件）中划掉一样，只剩下四个（件）。

接着，你要从剩下的四个（件）中再划掉一样，只剩下三个（件）……你要从剩下的三个（件）中划掉一个（件），只剩下两个（件），你取舍的时间是不是越来越长了？最后，最残忍的事就是让你从剩下的两样中再划掉一个（件），只剩下一个（件）。告诉我，你最后剩下的这一个（件）是什么？

• 自我探索

这个游戏很简单，但如果你能静心地去做，你会发现这其实是个很沉重又很残忍的游戏。我们生活中，重要的人或事太多太多，从五个（件）中取舍保留，内心要经历多少的挣扎。这个游戏让你学会珍惜。留到最后的一定是你认为最看重的吧，回过头想想在刚才写与删的过程中，你是怎么想的？你发现了什么？

我的五样分别是：归属、价值、健康、友情、自由。我保留到最后的是健康，在最后的取舍中，我在归属与健康之间纠结了许久，最终选择保留健康。那一刻我仿佛突然明白了什么是先爱自己，再爱他人。

• 人生曲线图

在纸上画一个坐标，横坐标表示你的年龄，纵坐标表示对生活的满意程度，然后找出自己生活中的一些重要转折点并连成线，未来可能的趋势用虚线来代替。在其中任何一个节点上，就在那短短的一个“刹那”，那一个时间点里的人生抉择，就带出了后面延绵不绝的一段独特的人生轨迹。比如下面的这幅图。

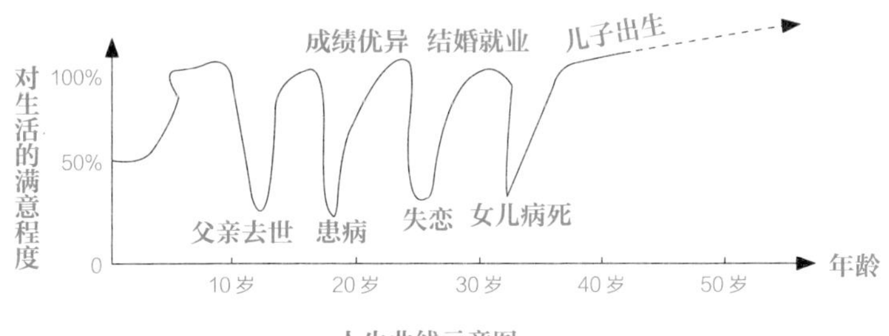

人生曲线示意图

• 自我探索

你的曲线图是趋于平缓还是曲折？整体来看，是逐渐上升还是逐渐下降？在你的人生中，有些什么样的重要经历？当时你是如何看待这些经历的？现在你又是如何看待的？它们对你一生的意义和价值是什么？

每个低谷之后都是回升。一个美好生活的破碎也往往是另一段更美好故事的开始。这个人生曲线图就像一个故事梗概一样，可以让你回顾到目前为止的人生。

写封书信给他人或自己

writing

可能你已经很久没有写书信了。现在有了手机短信、各种聊天软件和邮件，所以手写信件的机会真的不多。

虽然你每天都在通过聊天软件与人交流，但未必深入；虽然你可以用电子邮件代替书信，但总是少了一些情怀。而当你把想说的话写在纸上，装入信封，然后贴上邮票，放入邮箱，邮寄出去，你的心底也多了一份盼望。

每当我读到以前的信，无论是我写的还是我收到的，我都无限感慨。以前和先生生活在不同的城市时就用书信来传达想念，白纸黑字，深情款款，把对彼此的爱写在纸上。书信是那时我们生活的最重要的一部分。

后来我们生活在一起，我仍会写信给他。大多是当我感到很委屈的时候，我要把自己的想法和感受告诉他。有时候痛哭流涕地写完后感到深深地委屈和悲伤，希望对方理解和支持我。

提笔书写能让人们完全生活在当下，在短短的几分钟内把繁杂的头绪采用书面的方式清晰地表达出来。说话是直观的、冲动的，容易被情绪左右，而书写则可以把这些情绪用思考进行过滤，帮助人们冷静地把思想传递给他人。

• 写给他人

现在，让你写一封信给他人，这个人会是谁？你的爱人、父母、朋友或让你痛恨的人？你想要对他们说些什么？思念、感恩、委屈、不满、求助？花 5 分钟想一想。

“很抱歉……”“我很喜欢你……”“……请你原谅我”。很多话可能说起来难为情或是害怕说错，但如果写出来就简单多了。比如你做了一件对不起朋友的事，你感到愧疚，想请求对方的原谅但又开不了口，那就把你的歉意写在纸上，用至少 10 分钟将它们写下来。

与普通邮件不同的是，写的时候完全遵照自己内心的想法，不要顾忌你的字迹和文笔，也不需要在情感上有任何顾忌，因为这封信是否邮寄出去完全取决于你自己。

写完之后，体会一下自己刚才的感受。然后回过头再看看这封信，你想说的话是否都在里面，某些内容是否需要再修改，你现在有怎样的情绪。最后，你再决定这封信的去处。如果你认为这封信有利于改善你与他人的关系，对方收到会产生积极情绪，建议你邮寄出去。

• 写给自己

同样，你也可以写一封信给自己，包括过去的自己、现在的自己、未来的自己，以及自己身体的某个器官、某种疾病，甚至内心的某种情绪等。

写给自己之前，你可以在镜子面前好好端详一下自己。此时，你有什么样的感受？你想到了什么？最想对自己说的话是什么？用不少于 10 分钟时间把内心深处的情感表达出来。

书信完成之后，再用 5 分钟回顾刚才写下的内容，体会现在的感受，看是否有部分内容需要修改。最终，你来决定这封信的去留，是现在就撕掉，还是夹入记事本中待来日再读。

写本“私密自传”给自己

writing

也许你从来没想过要写一本自传，但现在如果写一本关于你的书，你会如何写？别担心，每个人在自己的舞台都是主角，生活中的大事小情都可以成为你笔下的素材。

大多数人都拥有某些饱含深刻情感的回忆。表达这些感情本身就是积极的。审视自己的过往故事，可以获得人生新的感悟，甚至还会发掘出深层的、尚未解决的问题。

在写作中，你可能经历内心的争斗，呈现出自己最隐私的情感和行为，剖析自己，宽恕自己，刹那间内心释然；你可能感受过去，缅怀过去，拾起往日的辉煌，重新唤醒内心的某种力量；你也可能无意中挖掘出自己的潜能，发现一个被人忽视的优秀的自己。

自传体写作需要大脑充分回忆。因为写的是自己，你有大量熟悉的素材，但对素材的取舍需要花一些时间。思考哪些经历值得写，哪些不值得写。摒弃流水账式的记录，因为自传不是简单的记事，它要反映出你的成长变化经历，通过你经历的故事、你流露出的情感、你对事情的看法、你的信仰等刻画出你的人格特质。

所以，下笔之前，你要思考的是自己有怎样的生活环境，什么时候发生了什么事，你当时如何看待这些事，它们对你的人格或价值观的形成有什么样的影响，这些事让你有何得失，你遇到过哪些重要的人，他们对你未来的生活有怎样的意义和价值，等等。

首先，建立整体框架，写出这本自传的目录。比如你可以以时间为主线来写自己的童年、青春期、成年期等；也可以以事件为线索来写，如你的某段重要生活经历、某个重要的人对你的影响等。

然后，给每个章节取一个符合事实又特别的名字，如“无忧无虑的童年时光”“生命的重要转折”“走出黑暗与寂静”等。它们也是写作中重要的一部分。

接下来，按着框架填写内容，在具体写的过程中会有调整，会有新想法。没关系，一切以“当前”的感受和想法为准。

最后，运用前面讲到过的一些写作技巧，让你的自传更丰富、生动，但尽量不要让它成为一本流水账或个人简历，写下自己的心灵故事，并诠释故事中的意义。

还有很重要的一点，要真实地表达自己。没必要美化或贬低自己，因为这是一本写给你自己的“私密的自传”。

有一名读者写自传，她每写一部分都会发给我。看到她的童年成长部分以及后面经历的那些心酸故事，我竟然眼眶湿润。她让我帮她修改润色。我问：“你写这些的目的是什么？”

她回答：“最初的目的是单纯地发泄情绪，现在也许目的不那么纯粹，也许我想写作，或想让它成为一部电视题材，可能我有些贪婪了。”无论这些文字最终走向哪里，至少它最初的发泄情绪的目的达到了。但在她与我的交流中，我知道她比我想象中更坚强，她从文字中获得了力量。

如果你觉得这个工程太庞大，也可以用简单的“个人成长报告”形式，从不同的方面来完成心理成长分析。人生旅程中，随着认知的不断完善以及生活阅历的不断增加，对自我的看法以及对生活的感受也不断发生变化。

模糊的概念，一旦将它们写出来，就会变得明朗化，因而它也会迫使你面对那些你试图逃避的问题。在写的过程中，你的想法和情感、当前遇到的问题和障碍，会更加清晰化，你也会进一步思考如何更好地解决自己的问题。

你可以从童年开始写起，描述自己的家庭背景、成长经历、重要的人等，思考在学习、工作、情感和生活中经历了什么事，获得了哪些成长，对你的未来有怎样的意义。

大致来说，下面这些句式你可能会用到：

我出生在——

我的父母——

在我刚上小学那一年——

后来——

当时我感觉——

现在回想起——

最后还要提醒你注意的是，这是一份写给自己的心理成长自省录，读者是你自己，没有领导、老师和面试官，把重点放在回忆、体验和自省上，省略一些套话和官方说辞，坦诚地对待自己。

改写自己的故事

writing

花 20 分钟写下自己当前的苦恼，以及对自己的评价，体会你此刻的感受。

我是一个反应迟钝的人，没什么朋友，有人说我孤僻。要不是为了生存，我不愿意去工作。并不是我太懒，而是我的人际关系太差。别人都不喜欢我，看不起我，欺负我。我也不喜欢他们。

我从小就是这样，父母都是老实巴交的农民，经常受人欺负。他们的无知和自卑遗传给了我，我努力想改变。上学时努力学习，工作中认真工作，希望有一天不像他们那样，可是身边的人总是讨厌我，容不下我。即使我真心想要和他们搞好关系，他们也认为我另有所图。

我不断反省自己，我的交往能力确实很弱，性格又内向懦弱，但骨子里又不甘示弱，我感到好绝望！我对自己不满意，对父母不满意，对身边所有人不满意。我现在的生活乱七八糟。我能改变吗？真的不希望一直都过这样的生活。

一位男生灰心丧气，把自己的生活描述得很糟糕。我看了这些文字，也为他感到沮丧，但他真的像自己描述的那样过得乱七八糟吗？

与他交流后，我让他必须写出自己的一些优点。如果他想不出来可以询问身边的人，尽管他自认为没有朋友。

这位男生认为自我形象很糟糕，对自己的很多方面不满意，所以认为自己的生活也很糟糕。积极关注自己，实际上是重塑自我最重要的一步。帮他改变对生活的态度，首先要让他建立好的内心形象。

在我的引导下，他"勉为其难"地写下了一些与自己相关的正面词语。我规定他至少写出五个以上，他写下了"吃苦""坚韧""善良""记忆力强""学习力强"。

然后我让他把这五个关键词加入上面的文字中，改写成一篇新文章。结果我看到了其中的变化。

改写后，他的新文章是这样的：

我是一个性格内向、不善交际的人，平时喜欢看书，朋友并不多。我的父母都是老实的农民，他们很善良，常常迁就别人，我认为这是一种软弱。他们的软弱影响了我，使我常常缺乏自信。我希望自己比他们强大，所以一直努力学习和工作。

我对自己最满意的地方是，我的学习能力强，记忆力强，而且坚韧、能吃苦。上学时我的成绩总排在前面，现在公司里同事解决不了的一些问题我都能很容易地解决。

我现在最大的困扰是，和同事们的关系处理不好，我总觉得他们看不起我，容不下我，也许是因为我缺乏自信，太在意别人的评价，所以对别人的态度非常敏感，也可能自己有时候太较真。我想处理好人际关系，我希望自己的生活中充满笑声，不再这么苦闷，我想我需要学一些人际交往的技巧。

我理解现在的自己，同时也期待自己过得更轻松和开心。我相信自己一定会改变的。首先从主动改变对别人的态度开始，然后阅读一些人际交往的书籍来提升自己。

这个自我描述经过改写后，积极词汇明显多于消极词汇。和他交谈中，我还为他加了两个重要的优点，一个是很强的自我反省能力，另一个是想要改变现状的意愿。

正向的文字让他以一种平和的心态理解自己，接纳自我，让他更自信、更乐观。在积极的情绪下，我相信他也会去找更多解决问题的方法。

积极心理学相信每个人的内心深处都存在两股抗争的力量：一股是消极的，它代表压抑、侵犯、恐惧、生气、悲伤、悔恨、贪婪、自卑、怨恨、高傲、妄自尊大、自私和说谎等；另一股是积极的，它代表喜悦、快乐、希望、负责任、宁静、谦逊、宽容、仁慈、慷慨等。这两股力量谁都可能战胜谁，关键看你自己会给哪股力量不断注入新能量。

当人们陷入某种情绪中时，注意力会变得狭窄。难过的情绪会让你忽略身边很多积极、美好的东西。同理，反复使用非理性的语言会导致自我挫败、自我伤害的结果，而积极的描述会带给你新的力量。

现在，回过头来看你刚才写下的那些文字，画出里面的消极词汇和积极词汇，看看它们的比例是多少。试试用积极的词汇来改写这篇文章，平时多做这方面的练习，能帮助你逐步建立一种更为积极的思考方式，取代以往的消极思维。

看到不同情绪中的自己

writing

美国心理学家埃利斯认为，人的情绪反应并不是直接由诱发性事件引起，而是由一个人对事情的看法所引起。比如，有一个人狠狠地拍了一下你的肩膀，把你拍疼了。你若认为他对你有意见而故意要打疼你，你就会不高兴；但若你认为对方只是热情过火导致，你就不会介意肩膀的疼痛了。

很多人都想要控制自己的情绪，但控制情绪并不等于强压怒火，最好的办法是从心底转变对事情的看法，从而减少负面情绪的产生。很多时候，如果一个人的思想观念转变了，对事物的态度也会转变，情绪自然会跟随转变。

同样一件负性事件（表面看来的负性事件），发生在不同的人身上可能有不同的情景：有的人会愤怒，有的人会惭愧，有的人会回避，有的人会对抗，有的人会风趣应对……

假设某一天在办公室，你穿了一件新衣服，办公室的一位同事当着众多同事以及一位新来实习生的面奚落你，说：“人长得丑，穿衣服也难看。”此时你内心可能有很多种想法，因而呈现出多种不同的行为表现，比如下面这些。

不同的自己	认知（对事情的看法）	心理（心理活动或情绪）	反应（行为动作）
生气的自己	她就喜欢贬低别人来抬高自己	她以为自己有多美？真是气死我了	大声对她说“关你屁事”，并通过摔东西表达自己的不满
风趣的自己	我知道她在开玩笑	难看就难看呗，反正大家都差不多	对她说：“哈哈！咱俩好姐妹半斤八两，谁也别说谁！”
回避的自己	她说话太难听了，不过她对我不重要，无所谓	管她怎么说，我懒得理她	继续做自己手头的工作或走出办公室
报复的自己	她总喜欢找碴儿，是个恶心的人	我哪天非得治治她	下次在领导面前打她的小报告！
压抑的自己	她仗着老板喜欢她，就这样欺负人	唉！没有办法	忍着不满，努力克制不让别人看出自己的不满
自责的自己	虽然她说得难听，但我确实太胖了，不该穿这件衣服	我真是太丢人了	赶紧到洗手间照镜子，恨不得马上把新衣服换下来

不同的自己	认知（对事情的看法）	心理（心理活动或情绪）	反应（行为动作）
乐观的自己	她说得没错，或许我不适合这件衣服，但我喜欢	管她怎么说呢，我自己喜欢就好	对她翻个白眼！拿出手机自拍一张，然后满足地微笑
冷静的自己	她虽然口无遮拦，但人不坏	不管怎么样，不喜欢她这样对我指指点点	跟她好好谈谈，告诉她自己不喜欢她这样评价自己
理解的自己	她可能遇到了烦心事，心情不太好，或对我有误会	有点同情她或不想让她误会我什么	下班之后，跟她好好聊一聊，看发生了什么

如果在现实情况下，你会怎样想？什么样的你会出现呢？

现在，回忆一件近期让你不开心的事情，尽量将它客观真实地写下来，然后写下当时的情绪、心理和行为反应，接着在下面写下各种不同的自己可能应对的方式。

事件：____

____

生气的自己：________________________________

愤怒的自己：________________________________

风趣的自己：________________________________

回避的自己：________________________________

压抑的自己：________________________________

乐观的自己：________________________________

自责的自己：________________________________

冷静的自己：________________________________

理解的自己：________________________________

想象一下，以上哪个自己更适合出场。

多做这样的练习，当下次再出现类似事件时，你会迅速从心里挑出一个最适合的“自己”去应对。

表达性写作范例

writing

通过文字，我们将内心最深处的情感和想法表达出来，早期被压抑的情绪被释放，从而缓解压力，改善人际关系，提升幸福感，促进身心健康——这也是表达性写作的意义。

• 悲伤经历书写

真诚地袒露自己，将自己的痛苦（创伤）经历、压抑已久的秘密或从未与他人谈起的自身缺陷写出来，可能是一个艰难的过程，但是一旦开始就不要停下来。不要担心写得好不好的问题，不要管评论、语法、句法和他人的意见，尽情地表达自己即可。你是为自己而写，不用有任何顾虑。

如果你担心别人看到你写的东西，就把它放在一个安全的地方，或者把它撕碎、烧掉。如果有必要，也可以来个仪式，扔到马桶里冲走，就像将这些伤心事从你的脑海里抹去一样。要注意的是，只处理当前能处理的事件或情况，不要在发生了重大创伤之后马上就写下它，那样你可能会情绪失控，无法承受。

接下来的四天中，你将在一个单独的房间里进行写作，每天写 15 分钟。你所写下的一切只有你自己能看到，你也绝不会收到任何相关反馈。

在写作过程中，我希望你能真正放开自己去探索内心最深处的想法，以及你对自己生命中最痛苦的经历的感受。在写作中试着把创伤经历与你生活中其他部分联结起来——你的童年、你与父母、亲密朋友和爱人的关系，或者其他对你来说很重要的事情。你可以把写作与你的未来、你想成为的人、曾经的你或现在的你联结在一起。重要的是，你真的能放手去写，写出内心最深层的情感和想法。你完全可以自己决定在这四天中写同一件事，还是每天都写不同的事情。或许你没有经历过创伤，但所有人都面对过重大冲突或压力源——你也可以写这些。

特别注意：如果你越写越沮丧，甚至写不下去了，就马上停笔，等准备好了再继续，也可以在精神科医生或心理咨询师的指导下书写。

• 积极意义书写

除了将压抑在心底的痛苦经历释放出来，我们可以在写作过程中从消极事件里发现其积极意义，对自己、他人及这个世界产生新的认知和态度，从而缓解情绪，提升幸福感，改善生活状态。

请回想最近发生的对你伤害较大的人际侵犯事件，然后想想这件事的积极方面。例如，他人通过何种方式让你对事情有了新的思考，你由此发现了以前自己没有意识到的优点，你们的关系由此变得比以前更牢固了，或你由此变得更加强大和睿智。

仔细思考你写下的这些方面。请特别注意写清楚以下几点：

对发生在你身上的这件事，如何应对才能给自己带来积极的结果？

事件发生后，怎样才可以使生活变得更好？

你从这件事中获得了哪些好处（包括将来的）？

这件事的发生对你的生命有怎样的意义和价值？

书写的时候展开想象，认真思考这些消极事件可能给你带来的益处；尽可能真实地面对事件及其带给你的积极影响，而不沉溺于它们带给你的伤害。